Política e educação no Brasil

Coleção Educação Contemporânea

Esta coleção abrange trabalhos que abordam o problema educacional brasileiro de uma perspectiva analítica e crítica. A educação é considerada fenômeno totalmente radicado no contexto social mais amplo e os textos desenvolvem análise e debate acerca das consequências desta relação de dependência. Divulga propostas de ação pedagógica coerentes e instrumentos teóricos e práticos para o trabalho educacional, considerado imprescindível para um projeto histórico de transformação da sociedade brasileira.

Conheça mais obras desta coleção, e os mais relevantes autores da área, no nosso site:

www.autoresassociados.com.br

Dermeval Saviani

Política e educação no Brasil

o papel do Congresso Nacional na legislação do ensino

7ª Edição

Coleção Educação Contemporânea

Campinas

AUTORES ASSOCIADOS
2015

Copyright © 2015 by Editora Autores Associados Ltda.
Todos os direitos desta edição reservados à Editora Autores Associados Ltda.

Dados Internacionais de Catalogação na Publicação (CIP)
(Câmara Brasileira do Livro, SP, Brasil)

Saviani, Dermeval.
  Política e educação no Brasil : o papel do Congresso Nacional na legislação do ensino / Dermeval Saviani. – 7. ed. – Campinas, SP: Autores Associados, 2015. – (Coleção educação contemporânea)

Bibliografia.
ISBN 978-85-7496-354-9

1. Educação e Estado - Brasil 2. Ensino - Legislação - Brasil I. Título. II. Série.

15-03000　　　　　　　　　　　　　　　　　　　　　　　CDD-370.2681

Índice para catálogo sistemático:
1. Educação : Legislação : Brasil　　　　　　　　　　　　　370.2681

Impresso no Brasil – junho de 2015
1ª Edição – 1987

EDITORA AUTORES ASSOCIADOS LTDA.
Uma editora educativa a serviço da cultura brasileira

Av. Albino J. B. de Oliveira, 901
Barão Geraldo | CEP 13084-008
Campinas - SP
Telefone: (55) (19) 3789-9000
E-mail: editora@autoresassociados.com.br
Catálogo *on-line*: www.autoresassociados.com.br

Conselho Editorial "Prof. Casemiro dos Reis Filho"
Bernardete A. Gatti
Carlos Roberto Jamil Cury
Dermeval Saviani
Gilberta S. de M. Jannuzzi
Maria Aparecida Motta
Walter E. Garcia

Diretor Executivo
Flávio Baldy dos Reis

Coordenadora Editorial
Érica Bombardi

Revisão
Maria Clarice Sampaio Villac
Aline Marques
Cleide Salme Ferreira
Márcia Labres

Diagramação e Composição
Maisa Zagria

Capa
Fotografia do Congresso Nacional
Arquivo da Câmara dos Deputados

www.abdr.org.br
abdr@abdr.org.br
denuncie a cópia ile

À
Maria Aparecida,
com ternura.

Sumário

Prefácio à 7ª Edição ix
Prefácio à 6ª Edição xiii
Prefácio à 5ª Edição xv
Prefácio à 3ª Edição xix
Prefácio à 2ª Edição xxi
Prefácio xxiii

Introdução 1

Capítulo 1
Congresso Nacional, Política e Educação 13
1. O Congresso Nacional na Política Brasileira 13
2. O Congresso Nacional na Educação Brasileira 28

Capítulo 2
O Congresso Nacional e a Lei n. 4.024/61: A Estratégia
da "Conciliação" na "Democracia Restrita" 35
1. O Projeto Original 35
2. Um Novo Projeto 41
3. O Projeto Aprovado 47
4. Significado Político do Texto Convertido em Lei 51
Apêndice 55

Capítulo 3
O Congresso Nacional e a Lei n. 5.540/68: A Estratégia do "Autoritarismo Desmobilizador" na Instalação da "Democracia Excludente" 75
1. O Projeto Original 75
2. A Tramitação do Projeto 82
3. Significado Político do Texto Aprovado 88
Apêndice (Texto da Lei n. 5.540/68) 98

Capítulo 4
O Congresso Nacional e a Lei n. 5.692/71: A Estratégia do "Autoritarismo Triunfante" na Consolidação da "Democracia Excludente" 117
1. O Projeto Original 117
2. A Tramitação do Projeto 122
3. Significado Político do Texto Aprovado 130
Apêndice (Texto da Lei n. 5.692/71) 142

Conclusão 159

Referências 171

Sobre o Autor 177

Prefácio à 7ª Edição

No Prefácio à 3ª Edição deste livro, redigido em 1 de maio de 1996, chamei a atenção para o fato de que, naquele momento, a atual Lei de Diretrizes e Bases da Educação Nacional (LDB) entrava na reta final de sua tramitação no Congresso Nacional que vinha sendo palco de vários projetos substitutivos, muitas emendas, negociações e manobras. De fato, com o novo formato, mais conservador, que emergiu das eleições de 1994, o Congresso Nacional acabou por legitimar as articulações do Ministério da Educação (MEC) deslocando, no Senado, o projeto aprovado pela Câmara dos Deputados ao endossar o substitutivo Darcy Ribeiro que veio a se converter na nova LDB, neutralizando, assim, os modestos avanços então alcançados. No Prefácio à 5ª Edição, redigido em 21 de maio de 2001, referi-me aos mecanismos de funcionamento do Congresso Nacional e às estratégias de sustentação política, com destaque para a *conciliação* que continua a ser um instrumento importante de manutenção do poder nas mãos dos grupos tradicionalmente dominantes. E no Prefácio à 6ª Edição, redigido em 21 de fevereiro de 2006, lembrei que o ano de 2005 foi marcado por intensas discussões e movimentações que colocaram em primeiro plano o Congresso Nacional: CPIs, renúncias, cassações, denúncias de corrupção, questões que agitaram o Congresso afetando sua imagem perante os vários setores da sociedade.

Pois bem. Estes primeiros meses de 2015, além de também serem marcados por denúncias de corrupção, por um acirramento da luta de classes e por uma preocupante jurisdicialização da política, coincidem com o início de uma nova legislatura protagonizada por um Congresso bem mais conservador resultante das eleições de 2014. Nesse contexto, conquistas históricas dos trabalhadores estão em risco com a aprovação de projetos que reduzem direitos sociais. Assim, a luta torna-se mais árdua, pois em vez da conquista de novos avanços por meio da legislação, há de se evitar retrocessos. Faz-se necessário, então, uma grande mobilização cuja força será diretamente proporcional ao grau de esclarecimento sobre o papel do Congresso Nacional na legislação do ensino assim como sobre seus mecanismos de funcionamento com destaque para as estratégias acionadas no quadro da correlação das forças políticas. Daí, nossa expectativa de que este livro, por tratar dessas questões tendo como alvo o papel desempenhado pelo Congresso Nacional no campo da educação, venha a contribuir para reforçar nossa capacidade de lutar contra os retrocessos que se desenham no horizonte cinzento da política brasileira atual. Eis aí, pois, uma boa razão para manter este livro em circulação: a grave conjuntura política que estamos atravessando que repercute negativamente na educação.

Mas não é apenas essa razão conjuntural que justifica mais esta edição, cabendo reiterar a razão permanente, de caráter estrutural, representada pelo fato de que esta obra, juntamente com *Educação brasileira: estrutura e sistema*, que analisou a ação do Congresso na elaboração de nossa primeira lei de diretrizes e bases da educação nacional; *A nova lei da educação (LDB): trajetórias, limites e perspectivas*, que tratou da tramitação no Congresso dos projetos que resultaram na segunda e atual lei de diretrizes e bases da educação nacional; e *Da nova LDB ao Fundeb: por uma outra política educacional*, que analisou a legislação regulamentadora dos dispositivos da LDB cobrindo o período que se estendeu de 1997 a 2007 quando se deu a regulamentação do Fundo de Manutenção e Desenvolvimento da Educação Básica e de Valorização dos Profissionais da Educação (FUNDEB), compõe um conjunto que reputamos útil aos professores no ensino das disciplinas que envolvam conteúdos de organização e funcionamento do ensino, política educacional, legislação do ensino e história da educação brasileira.

São Sepé (RS), 3 de maio de 2015

Dermeval Saviani

Prefácio à 6ª Edição

Estamos no início de 2006. O ano de 2005 foi marcado por intensas discussões e movimentações que colocaram em primeiro plano o Congresso Nacional: CPIs, renúncias, cassações, denúncias de corrupção, convocações extraordinárias e salários extras, o longo recesso e sua redução, questões todas que agitaram o Congresso afetando sua imagem perante os vários setores da sociedade.

Nesse contexto resulta bastante oportuno o lançamento de uma nova edição do presente livro. E o momento – início de 2006 – é tanto mais adequado, pois estamos entrando em ano eleitoral, quando toda a Câmara dos Deputados e grande parte do Senado serão objeto de renovação.

Esperamos que os elementos resultantes da pesquisa sobre o significado político do Congresso Nacional e seu papel na legislação do ensino, que este livro coloca à disposição dos leitores-eleitores, contribuam para a qualidade da escolha dos membros que irão compor o Parlamento brasileiro nos próximos quatro anos.

Oxalá possam os eleitores brasileiros exercer o direito de voto conscientes do papel do Congresso e das consequências de sua ação nas diferentes modalidades de prática social e, sobretudo, no campo específico da prática educativa.

Assim, além de contribuir regularmente para subsidiar a docência das disciplinas ligadas à organização e funcionamento do ensino, à política educacional, legislação do ensino, história da educação, este livro busca, em profunda ligação com a hora presente, colaborar na elevação da consciência política dos cidadãos. Esta é, com efeito, uma condição indispensável, ainda que não suficiente, para que possamos superar as enormes desigualdades que vêm vitimando o povo brasileiro.

Campinas, 21 de fevereiro de 2006

Dermeval Saviani

Prefácio à 5ª Edição

É com satisfação que me dirijo aos leitores ao ensejo de mais uma edição deste livro que lhes oferece uma análise suficientemente detalhada do processo legislativo no qual se deu a discussão e aprovação das principais leis que presidiram a organização escolar brasileira durante toda a segunda metade do século XX.

Nessa oportunidade cumpre-me observar que esta reedição se justifica não apenas pelo interesse histórico em possibilitar aos educadores o conhecimento de um período relativamente longo, já que cobre aproximadamente cinquenta anos, que teria sido recentemente encerrado com a entrada em vigor da nova Lei de Diretrizes e Bases da Educação Nacional aprovada em 20 de dezembro de 1996. Além do mencionado interesse histórico, trata-se de uma problemática que permanece atual.

A atualidade do tema objeto desta obra pode ser aferida por, pelo menos, dois aspectos.

O primeiro aspecto refere-se aos mecanismos de funcionamento do Congresso Nacional e às estratégias de sustentação política entre as quais sobressai a *conciliação* que desempenhou um papel destacado na transição do regime militar para a "Nova República" e que continua a ser um instrumento importante de manutenção do poder nas mãos dos grupos tradicionalmente dominantes.

O segundo aspecto reporta-se ao fato de que o paradigma educacional que inspirou a elaboração da legislação do ensino no país, ao longo do último meio século, mantém-se hegemônico ainda nos dias de hoje. Trata-se, com efeito, da tendência que denominei de "concepção produtivista de educação", cuja primeira formulação remonta à década de 1950 com os trabalhos de Theodore Schultz que popularizaram a "teoria do capital humano".

Essa concepção começou a manifestar-se no Brasil já na passagem dos anos de 1950 para os anos de 1960, estando presente nos debates que se travaram quando da discussão da nossa primeira LDB. Trago à baila, no presente livro, essa questão ao referir-me, na página 46, à manifestação de Santiago Dantas na sessão da Câmara dos Deputados realizada no dia 4 de junho de 1959, ocasião em que o referido deputado preconizou a organização do sistema de ensino em estreita vinculação com o desenvolvimento econômico do país. Nas duas leis subsequentes, a Lei n. 5.540/68, relativa à reforma universitária, e a Lei n. 5.692/71, que trata do ensino de 1º e 2º graus, essa concepção já se manifesta com plena clareza, erigindo, como base de toda a reforma do ensino, os princípios de racionalidade e produtividade tendo como corolários a não duplicação de meios para fins idênticos e a busca do máximo de resultados com o mínimo de dispêndio.

Pois bem. Essa concepção produtivista de educação resistiu a todos os embates de que foi alvo por parte das tendências críticas ao longo da década de 1980, recobrando um novo vigor no contexto do denominado neoliberalismo, quando veio a ser acionada como um instrumento de ajustamento da educação às demandas do mercado numa economia globalizada centrada na tão decantada sociedade do conhecimento. É essa visão que, suplantando a ênfase na qualidade social da educação que marcou os projetos de LDB na Câmara dos Deputados, constituiu-se na referência para o Projeto Darcy Ribeiro que surgiu no Senado e

Prefácio à 5ª Edição

se transformou na nova Lei de Diretrizes e Bases da Educação Nacional atualmente em vigor.

Portanto, o conteúdo do presente livro mantém sua atualidade, renovando-se a esperança de que continue a nos auxiliar no esclarecimento de nossas inteligências como condição para dar eficácia à nossa mobilização em direção a um sistema educativo capaz de responder às necessidades do povo brasileiro para além dos apelos do mercado globalizado.

Para esta nova edição procedi a uma revisão geral de todo o texto, corrigindo algumas pequenas falhas e ajustando a redação à temporalidade apropriada enquanto um trabalho escrito em meados da década de 1980 e que permanece em circulação neste início do século XXI.

Campinas, 21 de maio de 2001

Dermeval Saviani

Prefácio à 3ª Edição

Reedita-se agora o presente livro, cuja segunda edição se esgotou faz já algum tempo. O momento é oportuno, como o demonstram as diversas solicitações chegadas à Editora, à procura de exemplares desta obra. É que o tema do livro, o papel do Congresso Nacional na legislação do ensino, está na ordem do dia. Com efeito, o processo de discussão e votação da nova Lei de Diretrizes e Bases da Educação Nacional, iniciado em dezembro de 1988, aproxima-se de seu desfecho. Durante todo esse tempo o Congresso Nacional vem sendo palco de vários projetos, diversos substitutivos, muitas emendas, negociações e manobras em torno da formulação da legislação educacional que deverá substituir a ordenação legal atualmente em vigor.

Ora, este livro tem por objeto exatamente a dinâmica parlamentar evidenciada a partir do exame da forma como o Congresso Nacional se comportou no processo de elaboração da legislação do ensino que hoje está em vigor. Lança, assim, uma iluminação geral que nos permite captar as tonalidades particulares decorrentes da atuação dos diferentes grupos de interesse que vêm protagonizando a discussão da nova LDB.

Acredita-se que a leitura deste livro interessa a todos os educadores, uma vez que seu tema – as leis gerais de educação – afeta indistintamente cada aspecto do fazer educativo, mexendo com a vida dos milhões de alunos e professores e atingindo, no limite, toda a população do país.

Num âmbito mais particular, reitera-se o desejo de continuar contribuindo para o desenvolvimento das disciplinas "estrutura e funcionamento do ensino" e "história da educação brasileira". No primeiro caso, através da análise do processo legislativo e da incorporação, nos apêndices, dos próprios textos legais que dele resultaram. No segundo caso, mediante o exame do lugar do Congresso Nacional na educação brasileira, desde a independência até a fase mais recente de nossa história educacional.

Combinada com *Educação brasileira: estrutura e sistema*, que trata do conceito de sistema na nossa primeira e ainda vigente LDB, livro este cuja sétima edição sairá brevemente, a presente obra fornece uma base consistente para compreendermos o significado, alcance e limites do ainda não plenamente implantado "sistema educacional brasileiro". Esperamos que essa compreensão seja um estímulo para prosseguirmos na luta pela definitiva implantação do nosso sistema nacional de educação.

Oxalá a data que hoje celebramos se constitua num marco rumo à conquista de uma educação pública de qualidade para todos os trabalhadores deste país. Eis a aspiração que nos anima a promover o lançamento de mais uma edição deste livro.

Campinas, 1 de maio de 1996

Dermeval Saviani

Prefácio à 2ª Edição

Este livro foi lançado em maio de 1987, quando o Congresso Constituinte estava ainda na fase inicial do processo de elaboração da nova Constituição brasileira. Nesse contexto, registramos na introdução:

> À luz do comportamento do Congresso Nacional, qual o significado político da hora presente? Vencerão as forças interessadas na eternização da "verticalidade das desigualdades brasileiras" ou será lícito vislumbrar, sem ingenuidades e euforias fáceis, o triunfo das tendências que se empenham na superação daquela verticalidade?

Os trabalhos das comissões temáticas e sua consolidação posterior na Comissão de Sistematização projetavam alguma esperança na superação das desigualdades que marcam a sociedade brasileira. O final de 1987 assistiu, porém, à rearticulação das forças conservadoras aglutinadas no chamado "Centrão", esse aglomerado amorfo de parlamentares convertidos em instrumento da "eternização das desigualdades brasileiras". Agora, quando o Congresso Constituinte entra na fase das deliberações em Plenário, mais do que nunca é necessário estar vigilante. Fiquemos de olho no "Centrão", atentos às suas manobras e exercendo pressão organizada para evitar que se inscrevam na nova Constituição medidas que acabem por legitimar as injustiças sociais que vêm vitimando o povo brasileiro.

E, promulgada a nova Constituição, terão início os trabalhos de elaboração da nova Lei de Diretrizes e Bases da Educação Nacional. Para que a nova LDB se constitua num mecanismo efetivo de adequação da estrutura educacional às reais necessidades da população, nós, educadores, já começamos a nos mobilizar. Em tais circunstâncias esperamos que este livro, combinado com *Educação brasileira: estrutura e sistema*, cuja 6ª edição lançamos recentemente, continue auxiliando, pelos esclarecimentos que proporciona, a aumentar nosso poder de mobilização e a força da nossa organização.

Nesta 2ª edição, o apêndice ao capítulo três foi enriquecido com a transcrição do teor dos dispositivos da Lei n. 5.540/68 vetados pelo então presidente da República Arthur da Costa e Silva. Esse é mais um elemento através do qual o leitor poderá constatar a ação da estratégia do "autoritarismo desmobilizador" na implantação da "democracia excludente". Com efeito, mesmo a pequena margem de autonomia universitária admitida pela "reforma consentida" aprovada pelo Congresso acabou sendo extirpada pelo exercício do poder de veto do presidente da República.

São Paulo, 8 de fevereiro de 1988

Dermeval Saviani

Prefácio

Este trabalho foi originalmente apresentado como tese de livre--docência em história da educação no Departamento de Filosofia e História da Educação da Faculdade de Educação da Universidade Estadual de Campinas (Unicamp). Integraram a banca examinadora os professores: Alfredo Bosi, livre-docente em letras e professor titular da Universidade de São Paulo (USP); Antonio Muniz de Rezende, livre-docente em filosofia da educação e professor titular da Unicamp; Evaldo Amaro Vieira, livre-docente em história da educação e professor adjunto da Unicamp; Francisco Correa Weffort, livre-docente em ciência política e professor titular da USP; e Maria Aparecida Vigiani Bicudo, livre-docente em filosofia da educação da Universidade Estadual Paulista "Júlio de Mesquita Filho" (Unesp). A eles sou sinceramente grato pelas referências positivas, a mim sobremaneira gratificantes, pois se constituíram num reconhecimento público do trabalho que venho desenvolvendo no campo da educação. Sou-lhes, ainda, agradecido pelos comentários pertinentes que muito valorizaram minha pesquisa, assim como pelas sugestões que motivaram as considerações que, a seguir, passo a expor.

O assunto específico de que trata este livro é o significado político da ação do Congresso Nacional na legislação do ensino, o que foi explicitado tomando-se como objeto principal de análise as Leis 4.024/61 (Diretrizes e Bases da Educação Nacional), 5.540/68 (Reforma Universitária) e 5.692/71 (Diretrizes e Bases do Ensino de 1º e 2º Graus). Como está indicado na introdução, o foco da análise recaiu não sobre o produto mas sobre o processo. Consequentemente, em lugar do conteúdo administrativo ou pedagógico, a ênfase foi posta na ação desempenhada pelo Congresso Nacional quando do exame dos projetos das leis mencionadas. Por essa razão não se teve a preocupação de fazer estudo sistemático dos textos legais ou do teor das propostas apresentadas. Em lugar do palco, procurou-se focalizar os bastidores a fim de trazer à tona as motivações políticas a partir das quais as diferentes propostas foram sendo formuladas.

Em consequência do acima exposto, o item "significado político do texto convertido em lei" (ou "do texto aprovado") com o qual se concluem os capítulos dois, três e quatro buscou evidenciar o grau em que a estratégia política dominante no seio do regime político vigente em cada um dos períodos examinados determinou, pela ação dos parlamentares, a conformação final do texto que acabou por se converter em lei. Tal não deve, porém, ser confundido com o sentido político que a lei acabou assumindo *a posteriori* no processo de sua implantação, já que aí ela tem de se haver com forças que, ainda que não representadas ou não majoritárias no Parlamento, fazem-se presentes na organização escolar como expressão social significativa. Aliás, tal problema já fora por mim assinalado em estudo anterior cuja redação original data de 1976, quando afirmei:

> Nessa perspectiva resulta perfeitamente compreensível que determinadas proclamações devam integrar os textos legais e, ao mesmo tempo, não sejam incorporadas na estrutura escolar. A organização escolar não é obra da legislação. Ambas interagem no seio da sociedade que produz uma e outra. O exame do contexto nos permite inferir, por exemplo,

que a expansão quantitativa do ensino brasileiro, após 1964, com todas as consequências daí advindas, teria ocorrido com ou sem a reforma da legislação; seu fator determinante está na forma como vinha evoluindo a sociedade brasileira. A legislação constitui o instrumento através do qual o Estado regula, acentuando ou amenizando as tendências em marcha. Assim, à luz do contexto, revelam-se ao mesmo tempo a falácia e a eficácia da legislação. A falácia diz respeito às esperanças nela depositadas e que ela não pode realizar. A eficácia consiste nas consequências, esperadas ou não, que ela acarreta. No caso do Brasil, a esperança de que as reformas operariam mudanças profundas resultou falaz. Como poderia ser de outra maneira se não houve mudanças sociais profundas? Em contrapartida, elas se revelaram eficazes para ajustar a estrutura escolar à ruptura política levada a cabo pela Revolução de 1964. A tendência tecnicista à luz da qual se buscou efetuar o ajustamento acima mencionado teve que proclamar as virtudes da eficiência e produtividade mas, ao mesmo tempo, não pôde se furtar às proclamações ainda que amplas do "humanismo tradicional" de orientação liberal. Essa contradição exprime a contradição objetiva vivida no seio da organização escolar. E, enquanto expressão, ao mesmo tempo que é reflexo dela, age sobre ela, acentuando-a.

Em suma: o estudo da legislação se revela um instrumento privilegiado para a análise crítica da organização escolar porque, enquanto mediação entre a situação real e aquela que é proclamada como desejável, reflete as contradições objetivas que, uma vez captadas, nos permitem detectar os fatores condicionantes da nossa ação educativa [SAVIANI, 1985, p. 154-155].

Nesse contexto, como foi registrado na conclusão do presente trabalho, compreende-se que, embora as Leis 5.540/68 e 5.692/71, em decorrência das estratégias do "autoritarismo desmobilizador" e "autoritarismo triunfante", tenham pretendido (e conseguido com relativo êxito) a desmobilização de professores e alunos, contrariamente àquela despolitização ocorreu também uma crescente politização tanto nos debates como nas práticas pedagógicas em todos os níveis, desde a pré-escola à pós-graduação.

Assim é que sob a égide da Lei n. 5.540/68 regulamentou-se, estimulou-se e expandiu-se o sistema de pós-graduação no país; tal sistema, ao mesmo tempo que produziu grande número de estudos enquadrados nos ditames do regime político então vigente, foi capaz de gerar em seu interior, em número cada vez maior, estudos críticos de denúncia da política educacional do regime e anúncio de novas perspectivas. Do mesmo modo a Lei n. 5.692/71, fruto da estratégia do "autoritarismo triunfante", talvez mesmo pelo seu caráter triunfalista, acabou por incorporar dispositivos, como a instituição da escola básica e obrigatória de oito anos assim como a abertura para a autonomia das escolas e a ênfase na flexibilidade organizacional e curricular, que inegavelmente se situam na linha do processo de democratização do ensino em nosso país.

Por não se ter dedicado à análise do conteúdo da legislação, o presente trabalho supõe um certo grau de familiaridade com os textos legais sem o que a sua leitura pode ficar um tanto dificultada. Para contornar tal dificuldade, organizei apêndices que colocam os leitores em contato direto com os principais produtos do processo legislativo examinado.

O apêndice ao capítulo dois, após sugerir uma análise comparativa entre o projeto original, o Substitutivo Lacerda e o texto da Lei n. 4.024/61, transcreve integralmente os títulos I, II, III, IV das três versões, o título V da Lei n. 4.024/61 acrescido do título que trata dos recursos para a educação o qual recebeu respectivamente os números X, XIV e XII no projeto original, no Substitutivo Lacerda e na Lei n. 4.024/61. Não vi necessidade de reproduzir os demais títulos não apenas porque a sua quase totalidade já foi revogada pela legislação posterior, mas fundamentalmente porque o espírito que presidiu o conteúdo desses dispositivos é aquele explicitado nos títulos que consubstanciam as diretrizes, isto é, aqueles em relação aos quais tomei a iniciativa de comentar e de transcrever. Com isso obteve-se a vantagem adicional de não sobrecarregar desnecessariamente o presente volume. Completa o apêndice ao capítulo dois um quadro que permite ao leitor visualizar imediatamente os artigos mantidos e os revogados da Lei de Diretrizes e Bases da Educação Nacional (Lei n. 4.024/61).

O apêndice do capítulo três reproduz o texto da Lei n. 5.540/68 acrescido do Decreto-Lei 464, de 11/2/1969, que regulamenta a aplicação da referida lei. É importante o texto do decreto uma vez que, além de complementar, ele altera alguns dispositivos da Lei n. 5.540 e estabelece as normas de organização e funcionamento do ensino superior.

Por fim, o apêndice ao capítulo quatro reproduz integralmente o texto da Lei n. 5.692/71.

Assim, não apenas em relação à Lei n. 4.024/61 mas também no caso das Leis 5.540/68 e 5.692/71, através dos apêndices o leitor poderá, por si mesmo, conferir o grau em que as estratégias de ação política deixaram sua marca nas leis de ensino.

Ao tomar tais medidas acredito estar colocando nas mãos dos professores da disciplina "estrutura e funcionamento do ensino" um material de grande utilidade para o desenvolvimento de seus trabalhos com os alunos. Com efeito, além de colocar a seu alcance, reunidos, os textos dos principais diplomas legais que regem a organização escolar brasileira, a mesma obra oferece-lhes uma análise razoavelmente detalhada e ao mesmo tempo sucinta do processo legislativo que resultou nos textos legais mencionados.

Espero ainda, com a divulgação deste trabalho, estar dando uma contribuição aos professores de história da educação, já que após abordar o lugar do Congresso Nacional na educação brasileira desde o período do Império, esta obra efetua um exame mais detido do papel do Parlamento na fase mais recente da história da educação brasileira.

Finalmente, penso que este livro é uma contribuição importante ao Congresso Constituinte que se instalou no dia 1º de fevereiro de 1987, pois permite situar, com conhecimento de causa, o grau em que o Parlamento pode intervir para que passemos da educação que temos para a educação que queremos.

Em suma, reitero aqui o que registrei na introdução:
O atual momento brasileiro exige que coloquemos em prática os seguintes lemas gramscianos:

> Instruí-vos, porque teremos necessidade de toda a nossa inteligência.
> Agitai-vos, porque teremos necessidade de todo o nosso entusiasmo.
> Organizai-vos, porque teremos necessidade de toda a nossa força.

Esta obra pretende ser uma contribuição na ingente tarefa de instrução de nossa inteligência, de modo a tornar mais consistente o entusiasmo de nossa mobilização e aumentar a força de nossa organização. Como tal, penso que este livro interessa indistintamente a todos os educadores que buscam colocar a educação a serviço daquilo que Marx chamou, por oposição à emancipação política burguesa, de emancipação humana pura e simplesmente.

São Sepé (RS), 28 de dezembro de 1986

Dermeval Saviani

Introdução

O problema objeto deste estudo originou-se de pesquisas anteriores que desenvolvemos sobre as Leis 4.024/61 (Lei de Diretrizes e Bases da Educação Nacional), 5.540/68 (Lei da Reforma Universitária) e 5.692/71 (Diretrizes e Bases do Ensino de 1º e 2º Graus) (SAVIANI, 1983 e 1985, p. 133-155).

Nessas pesquisas chamou-nos a atenção o fato de que as três leis tiveram origem em projetos oriundos do Poder Executivo. Como isso parece ser regra na tradição da legislação do ensino no Brasil, colocamo-nos diante da seguinte indagação: Qual o papel do Congresso Nacional na legislação do ensino? Pelo estudo anteriormente feito, ficava evidente que o poder do Congresso Nacional se exerce basicamente através das emendas. Por esse meio ele poderia interferir no projeto do Executivo, alterando-o adjetiva ou substantivamente. Nesse sentido, ainda que a origem do dispositivo legal não estivesse no Poder Legislativo, o produto, ou seja, o texto legal, poderia ser obra efetivamente sua.

Ora, a constatação *supra* sugere, pois, que as emendas constituem a contribuição específica do Poder Legislativo aos projetos de lei oriundos do Executivo. Portanto, são elas o caminho para se compreender o papel do Congresso Nacional na legislação do ensino. Entretanto, paralelamente àquela constatação, verificou-se também que, via de regra, as emendas não têm merecido a atenção dos estudiosos da educação brasileira em geral e da legislação do ensino, em particular. Com efeito, os comentários tendem a concentrar-se na análise do produto final, fazendo, quando muito, comparações com o texto do projeto original. São raros os estudos que se dedicam a reconstituir a gênese da lei. E mesmo esses, por limitações da perspectiva teórica de análise, tendem a privilegiar o plano descritivo (VILLALOBOS, 1969). Com isso, perdem a possibilidade de iluminar a compreensão do produto pela via do exame do modo como foi produzido.

Daí, nosso interesse em retomar as referidas leis, analisando cuidadosamente as emendas apostas pelos congressistas ao texto original, de modo a captar, com esse procedimento, o papel desempenhado pelo Congresso Nacional na gestação do texto final que, em última instância, nos termos da Constituição, é decretado por ele (Congresso Nacional) e sancionado pelo presidente da República, com o que se converte em lei. Encetado tal estudo, um primeiro esboço foi apresentado na XXIX Reunião Anual da Sociedade Brasileira para o Progresso da Ciência (SBPC) realizada em São Paulo, em 1977 (SAVIANI, 1985, p. 157-159). Ali enunciamos o seguinte resultado geral decorrente do exame das emendas:

> A conclusão a que se chegou indica claramente que, em relação à Lei 4.024/61, a função desempenhada pelo Congresso Nacional foi de deformação da coerência do projeto original elaborado por uma comissão de educadores designada pelo então Ministro da Educação, Clemente Mariani. Já em relação às Leis 5.540/68 e 5.692/71, a função desempenhada foi a de preservação da coerência dos projetos originais [idem, p. 157].

Mas, naquele mesmo esboço, perguntávamos:

> Por que essa diferenciação de funções? Quais as suas causas? [idem, ibidem].

E sugeríamos o modo de respondê-las:

> A resposta a essas perguntas deve ser buscada numa análise do modo de funcionamento do regime político brasileiro [idem, p. 157-158].

No presente estudo retomamos essa trajetória. Pretendemos compreender o papel desempenhado pelo Congresso Nacional na política educacional. Para tanto, precisaremos levar em conta o movimento da política brasileira. Com efeito, as estratégias de sustentação política dominantes no país envolvem o Congresso Nacional e não deixam de influenciar (ou mesmo determinar) os rumos da questão educacional quando esta é objeto de regulamentação jurídico-política.

Do ponto de vista do enfoque a ser adotado, consideramos relevante a "teoria ampliada do Estado", segundo a qual "Estado = sociedade política + sociedade civil" (GRAMSCI, 1975, v. 2, p. 763-764). Entendida a "sociedade política" como o aparelho governamental propriamente dito (Estado em sentido restrito), que detém o monopólio da coerção aceita socialmente como legítima, e como "sociedade civil" o conjunto dos aparelhos privados de hegemonia, conclui-se que o Estado, nessa acepção ampliada, é, em síntese, "hegemonia revestida de coerção" (idem, p. 764). Nesse contexto, considerados os poderes que constituem formalmente o Estado, o Legislativo revela-se aquele que se vincula mais diretamente à sociedade civil:

> Unidade do Estado na distinção dos poderes: o Parlamento mais ligado à sociedade civil, o Poder Judiciário entre Governo e Parlamento, representa a continuidade da lei escrita (inclusive contra o Governo). Naturalmente todos os três poderes são também órgãos da hegemonia política, mas em diversa medida: 1) Parlamento; 2) Magistratura; 3) Governo [idem, p. 752].

Dada a maior representatividade do Parlamento em relação ao conjunto da sociedade, pode-se compreender por que, por pressões da sociedade civil, seja possível chegar à aprovação de leis de interesse da população sem que, entretanto, como tem ocorrido frequentemente no Brasil, tais leis ganhem plena vigência. Isso pode ocorrer porque, embora a lei, tendo sido aprovada, esteja, de direito, em vigor, de fato ela pode tornar-se letra morta seja passivamente (incúria administrativa ou judicial), seja ativamente (empenho governamental em ignorar a lei ou hermenêutica jurídica e sentenças protelatórias, condenatórias ou absolutórias proferidas nos tribunais). Parece residir aí a base explicativa de *slogans* que passaram a integrar o nosso folclore político, tais como: "a lei é boa; pena que não é aplicada"; ou, "aos amigos, tudo; aos inimigos, a lei".

Nas condições próprias da estrutura social de classes, a sociedade encontra-se dividida em uma multiplicidade de grupos com interesses não apenas diferentes, mas antagônicos; este é o caso dos grupos sociais fundamentais, nascidos "no terreno originário de uma função essencial no modo da produção econômica" (GRAMSCI, 1975, v. 2, p. 1.513 e 1977b, p. 3). Em consequência, as organizações constitutivas da sociedade civil assumem dominantemente a forma de "partidos". Com efeito, trata-se efetivamente de partes da sociedade que constituem agrupamentos com interesses comuns que se organizam para a defesa e a ampliação de seus interesses.

Entretanto, para que a noção de "partido" cubra todo o espectro da sociedade civil é necessário, da mesma forma que se fez em relação ao conceito de "Estado", considerá-lo em sentido ampliado. Daí a importância da distinção entre "partidos políticos" e "partidos ideológicos".

O partido político constitui uma "organização prática (ou tendência prática), ou seja, um instrumento para a solução de um problema ou de um grupo de problemas da vida nacional e internacional" (GRAMSCI, 1975, v. 2, p. 1.352 e 1977a, p. 220). Em contrapartida, o partido ideológico é "o partido como ideologia geral, superior aos vários agrupamentos mais imediatos" (GRAMSCI, 1975, v. 2, p. 1.353 e 1977a, p. 221). Dessa forma, sob o conceito de "partido ideológico" se agrupa o conjunto dos aparelhos e organizações intelectuais, tais como a imprensa, as editoras, círculos, clubes, igrejas, associações culturais, profissionais ou comunitárias, entidades de benemerência, as escolas públicas e privadas de diferentes tipos e níveis etc.

O partido político é o organismo da sociedade civil que se relaciona diretamente com a sociedade política, visando a posse, o controle ou a fiscalização do aparelho governamental. Já os partidos ideológicos formam a própria base da sociedade civil, relacionando-se indiretamente com a sociedade política através dos partidos políticos. Em consequência, os partidos políticos estão diretamente representados no Parlamento, enquanto os partidos ideológicos aí se fazem representar de modo mediato, ou seja, pela mediação dos partidos políticos.

Ora, a ação dos partidos, sejam eles políticos ou ideológicos, ocorre, via de regra, através de determinadas estratégias que podem variar amplamente conforme as conjunturas ou se revestir de um caráter de relativa permanência. Como se põe essa questão no caso brasileiro?

Não é objetivo deste trabalho efetuar uma análise das diferentes estratégias de sustentação política levadas a efeito na história da sociedade brasileira. Entretanto, cumpre reter os elementos principais para efeitos do exame do objeto específico deste livro: o papel do Congresso Nacional na legislação do ensino.

Michel Debrun considera que "os eixos da política brasileira não mudaram fundamentalmente desde a independência" (DEBRUN, 1983, p. 13). Daí porque as estratégias vêm sendo fundamentalmente as mesmas, como está indicado textualmente:

> Face à grande diversidade das conjunturas, as forças dominantes reagiram lançando mão de um número limitado de estratégias políticas, sempre as mesmas. Situação essa que permanece ainda hoje, em que pesem os arranhões que vêm sofrendo de modo crescente [idem, ibidem].

As referidas estratégias reduzem-se a quatro modalidades que são as seguintes: "conciliação", "autoritarismo desmobilizador", "autoritarismo mobilizador" e "liberalismo". Entre elas destaca-se a "conciliação", que se vem revezando no poder com o "autoritarismo desmobilizador", reduzindo-se o "autoritarismo mobilizador" a débeis ensaios episódicos, enquanto o "liberalismo" geralmente não tem ultrapassado o plano dos "valores proclamados".

Daí, segundo o autor, a reiteração cansativa de determinados temas:

> Essa monotonia temática procura ser a imagem de uma realidade política vista, senão como estagnada, como capaz de uma autorreprodução indefinida, mediante o uso de alguns mecanismos seculares de dominação que, até o momento, se revezaram no palco do poder [idem, ibidem].

Essa "autorreprodução indefinida" foi explicitamente formulada por teóricos conservadores, como, por exemplo, Oliveira Vianna (1956 e 1974) e o general Golbery do Couto e Silva, através do dilema entre centralização e descentralização, consideradas dois polos que, à semelhança do "autoritarismo desmobilizador" em relação à "conciliação", se alternariam no poder indefinidamente.

Em discurso proferido em 1975, por ocasião da recepção aos governadores eleitos, o presidente Ernesto Geisel exaltou a visão de Oliveira Vianna nos seguintes termos:

> O Brasil, desde a implantação da República, é uma nação federativa em que se respeita e cultiva a autonomia dos Estados, como se proclamam e reconhecem as vantagens do municipalismo criador. Não se conseguiria, entretanto, esgotar, nessa fórmula, necessariamente abstrata e genérica, o dilema, sempre presente e de equilíbrio continuamente mutável, entre centralização e descentralização administrativas. Mestre Oliveira Vianna, em estudos da evolução das instituições políticas brasileiras, mostrou bem a eterna oscilação entre esses dois polos da centralização mais rígida e da descentralização mais elástica que teria balizado períodos sucessivos da vida nacional [SILVA, 1981, p. 5].

Golbery do Couto e Silva, partindo dessa mesma formulação de Oliveira Vianna, irá também eternizar o referido movimento pendular, traduzido por ele pela expressão "sístoles e diástoles na vida dos Estados", enunciada na célebre conferência pronunciada na Escola Superior de Guerra em 1980. Nessa conferência, Golbery procurou exatamente defender a "abertura democrática" ensaiada a partir do Governo Geisel, a qual pode ser entendida como uma tática no âmbito da estratégia da "conciliação", cujas linhas mestras para a ação do Poder Executivo o general procurou fixar na referida conferência. Era a "conciliação" que começava a ocupar o lugar do "autoritarismo desmobilizador" até então dominante.

Essa eternização das relações políticas é processada por Golbery por meio de uma dialética que explicitamente exclui Marx:

> Apelamos, agora, a uma visão dialética, Marx excluso se quiserem. Imbricados como são, verso e anverso de um mesmo processo único apreciado em sentidos opostos, tese e antítese imersas numa síntese que é o que lhes assegura, através de si mesma, a existência de ambas, a centralização como a descentralização estão presentes, as duas, a cada momento, o processo evolutivo de qualquer delas acarretando, inexoravelmente, o surgimento de fatores intrínsecos da outra que assim nasce da primeira, em seu seio é gerada e dela se alimenta, crescendo até afirmar-se e inverter, afinal, os termos da equação de equilíbrio permanente em que se traduz a coexistência de ambas em sua imanente oposição [idem, p. 18].

Como se vê, trata-se de um "equilíbrio permanente", vale dizer, eterno numa dialética mistificada que remete ao idealismo hegeliano e que, por ser posterior a Marx, sente a necessidade, para manter-se, de excluí-lo.

Debrun, diferentemente dos autores conservadores acima citados, considera que, embora a constatação do fenômeno em pauta possa "sugerir a existência de arquétipos políticos brasileiros", trata-se, em verdade, de um evento histórico, portanto, em nada eterno, mas sim decorrente de uma determinada forma datada de estruturação das relações sociais, por ele denominada de "verticalidade das desigualdades brasileiras":

> Não só a verticalidade das desigualdades brasileiras favorece as várias políticas que revistamos, como estas, por sua vez, contribuem cada uma a seu modo para a manutenção dessa verticalidade. É quase que um círculo vicioso, do qual só agora está se vislumbrando a superação [DEBRUN, 1983, p. 16].

Consequentemente, a situação descrita, por ser histórica, não só pode como deve ser superada. E a questão que nos ocorre diz respeito ao papel que o Congresso Nacional e a educação teriam a desempenhar nesse processo de superação. Esperamos que o presente estudo venha a contribuir, senão para responder, pelo menos para colocar mais precisamente a referida questão.

Em nosso estudo detectamos a presença das estratégias do "liberalismo", "conciliação" e "autoritarismo desmobilizador" de forma bem caracterizada. Quanto ao "autoritarismo mobilizador", apenas alguns de seus traços se manifestaram na última fase do período abrangido no presente trabalho não podendo, entretanto, ser o mesmo considerado tipicamente presente. Em razão disso, fomos levados a cunhar uma outra categoria, a do "autoritarismo triunfante", que nos parece traduzir adequadamente a fase referida. A análise do objeto (papel do Congresso no processo de aprovação das Leis 4.024/61, 5.540/68 e 5.692/71), a ser feita respectivamente nos capítulos dois, três e quatro, permitirá – é o que se espera – uma compreensão mais precisa do conteúdo e significado das estratégias apontadas.

Considerando-se que quando falamos em "estratégias de sustentação política" estamos, na verdade, falando dos mecanismos de manutenção de determinado regime político, foi necessário fazer referência aos regimes vigentes no período analisado. Para tanto, lançou-se mão das categorias "democracia restrita" e "democracia excludente".

Por "democracia restrita" estamos entendendo o regime que mantém abertas as franquias democráticas cujos canais de participação, entretanto, só são alcançados por uma determinada e restrita parcela da sociedade, parcela essa constituída pelas chamadas elites, seja do ponto de vista socioeconômico, seja do ponto de vista cultural. Tal expressão aparece também em Florestan Fernandes, no seguinte contexto:

> Esse desfecho mostra aonde leva a *aceleração* do desenvolvimento capitalista dependente, concebida e posta em prática pela dominação burguesa como um fim em si e para si, e em condições nas quais o resto da sociedade não pode impedir o monopólio exclusivo do poder do Estado por um conglomerado de classes privilegiadas. A *democracia* se equaciona, como realidade histórica viva, ao nível dos privilégios econômicos, sociais e políticos dessas classes, ou seja, como uma *democracia restrita*, da qual só participam efetivamente os membros de tais classes (ou, conforme as circunstâncias, só as suas elites) [FERNANDES, 1977, p. 263-264].

Por "democracia excludente" estamos compreendendo um regime que deliberada e sistematicamente exclui da participação política amplos setores da sociedade civil, entre eles as chamadas "elites dissidentes".

Obviamente, "democracia excludente" é eufemismo de "ditadura". Entretanto, preferimos usar aquela expressão para caracterizar o regime implantado no Brasil em decorrência do golpe militar de 1964, porque tal golpe fora justificado como necessário para salvar a democracia, proclamando-se, por sua vez, o referido regime, não apenas como democrático mas como guardião da democracia. Ora, tal situação diverge significativamente daquela do Estado Novo, já que os dirigentes deste, como ilustra o depoimento de Gustavo Capanema registrado no capítulo dois, não se pejavam de utilizar o termo "ditadura" para denominar o regime por eles implementado e exaltado.

Em síntese, o referencial teórico que orientará e ordenará as análises que constituem o presente trabalho compõe-se do seguinte feixe de categorias: "Estado", em sentido ampliado, abarcando, portanto, a "sociedade política" e a "sociedade civil", organicamente articuladas entre si. "Partido", também em sentido ampliado, distinguindo-se, assim, em seu interior, os "partidos políticos" e os "partidos ideológicos". "Liberalismo", "conciliação", "autoritarismo desmobilizador" e "autoritarismo triunfante", que traduzem as estratégias básicas que vigoraram no período analisado. "Democracia restrita" e "democracia excludente", que designam os regimes políticos correspondentes às estratégias referidas. E, obviamente, "Parlamento", órgão da sociedade política mais diretamente ligado à sociedade civil.

Importa, ainda, nesta introdução, esclarecer que este trabalho não tem a pretensão de esgotar toda a problemática relativa às relações entre o Congresso Nacional e a educação brasileira. Delimitou-se o estudo de modo a abarcar o período compreendido entre 1946 e 1971, incidindo a análise sobre o papel desempenhado pelo Parlamento brasileiro no processo de discussão e aprovação dos projetos oriundos do Poder Executivo, que culminaram na Lei de Diretrizes e Bases da Educação Nacional, n. 4.024/61, parcialmente alterada pelas Leis 5.540/68 e 5.692/71, que reformaram, respectivamente, o ensino superior e o ensino de 1º e 2º graus. Entretanto, as referidas leis não serão examinadas exaustivamente nos diferentes aspectos que comportam. Em lugar do conteúdo administrativo ou pedagógico, a ênfase será posta no significado político que assumiu a ação do Congresso quando se dedicou ao exame dos projetos de lei mencionados. Por essa razão, não serão feitas análises dos textos legais ou do teor das propostas apresentadas. Em lugar do palco, procurar-se-á focalizar os bastidores, a fim de trazer à tona as motivações políticas a partir das quais as diferentes propostas foram sendo formuladas.

A importância e a atualidade do problema em pauta resultam, a nosso ver, evidentes. Com efeito, nesse momento[1] considerado de implantação da chamada "Nova República", às vésperas da instalação de um Congresso Constituinte, faz sentido indagar sobre o papel do Congresso Nacional e as consequências de sua ação nos diferentes campos da prática social e, especialmente, no nosso caso, no âmbito da prática educativa. À luz do comportamento do Congresso Nacional, qual o significado político da hora presente? Vencerão as forças interessadas na eternização da "verticalidade das desigualdades brasileiras" ou será lícito vislumbrar, sem ingenuidades e euforias fáceis, o triunfo das tendências que se empenham na superação daquela verticalidade?

O atual momento brasileiro exige que coloquemos em prática os seguintes lemas gramscianos:

> Instruí-vos, porque teremos necessidade de toda a nossa inteligência.
> Agitai-vos, porque teremos necessidade de todo o nosso entusiasmo.
> Organizai-vos, porque teremos necessidade de toda a nossa força [GRISONI & MAGGIORI, 1973, p. 47].

Este estudo pretende ser uma pequena contribuição na ingente tarefa de instrução de nossa inteligência de modo a tornar mais consistente o entusiasmo de nossa mobilização e aumentar a força de nossa organização.

Para objetivar a contribuição pretendida, o texto foi estruturado de acordo com os seguintes procedimentos:

Após esta introdução, que procurou apresentar e justificar a escolha do tema bem como do enfoque adotado, o primeiro capítulo cuidará de

---

1. A 1ª edição do livro deu-se em 1987, portanto, quando se instalou a Constituinte da qual resultou a Constituição de 1988 que se encontra em vigor. Mas a atualidade do trabalho ainda se mantém, conforme assinalado nos prefácios às edições subsequentes.

explicitar sucintamente as relações gerais entre o Congresso Nacional, a política e a educação. Aí procurar-se-á evidenciar o lugar do Congresso Nacional na política e na educação brasileiras.

O segundo capítulo terá por objeto o Congresso Nacional em face da Lei n. 4.024/61, abordando o projeto original, sua tramitação e o significado político do texto aprovado.

A mesma trajetória será seguida pelos terceiro e quarto capítulos, que cuidarão, respectivamente, do papel desempenhado pelo Congresso Nacional em relação à Lei n. 5.540/68 e à Lei n. 5.692/71.

A conclusão enfeixará, sinteticamente, os principais resultados e fará uma incursão, à guisa de problema aberto, no momento brasileiro atual, tentando evidenciar a necessidade de se articular o Congresso Nacional com as forças empenhadas em superar as profundas desigualdades sociais e, logo, educacionais, que marcam a vida brasileira.

Quanto às fontes utilizadas, cabe observar que o primeiro capítulo, não incidindo sobre nosso objeto específico, mas apenas sobre os seus antecedentes, foi construído à base de fontes secundárias. Já o segundo, terceiro e quarto capítulos, uma vez que versam sobre o tema central aqui delimitado, foram elaborados a partir de fontes primárias constituídas, fundamentalmente, pelo *Diário do Congresso Nacional*. As fontes secundárias foram acionadas apenas quando julgadas pertinentes para reforçar os achados decorrentes da manipulação das fontes primárias.

Capítulo 1

Congresso Nacional, Política e Educação

Pretende-se, neste capítulo, esboçar um quadro geral do lugar do Congresso Nacional na política e educação brasileiras, destacando os principais elementos que constituem os antecedentes da ação desempenhada pelo Congresso Nacional em relação aos projetos das Leis 4.024/61, 5.540/68 e 5.692/71. Justifica-se tal empreendimento por se acreditar que a referência a esses antecedentes facilitará a compreensão do significado político que assumiu a intervenção do Congresso Nacional no processo de elaboração, discussão e votação das três leis educacionais citadas que constituem o objeto específico deste trabalho e, como tal, serão examinadas nos próximos capítulos.

1. O Congresso Nacional na Política Brasileira

As Constituições brasileiras têm sistematicamente consagrado a distinção, harmonia e independência entre os três poderes fundamentais que alicerçam a organização da vida política: o Executivo, o Judiciário e o Legislativo. No caso da Constituição imperial, além desses três poderes, tinha vigência o Poder Moderador, conforme estabelecido no artigo

10: "Os Poderes Políticos reconhecidos pela Constituição do Império do Brasil são quatro: o Poder Legislativo, o Poder Moderador, o Poder Executivo, e o Poder Judicial" (CAMPANHOLE & CAMPANHOLE, 1983, p. 633). Com exceção da Constituição de 1937, as demais definem explicitamente as atribuições do Congresso Nacional.

A Constituição Política do Império do Brasil, jurada a 25 de março de 1824, relaciona, em seu artigo 15, 17 atribuições acometidas à Assembleia Geral que reunia a Câmara de Deputados e o Senado (idem, p. 634). Registre-se que nenhuma das atribuições refere-se explicitamente à legislação educacional.

A primeira Constituição republicana, promulgada em 24 de fevereiro de 1891, fixa, no capítulo IV, 35 atribuições privativas do Congresso e quatro não privativas, sendo a terceira "criar instituições de ensino superior e secundário nos Estados" e a quarta "prover à instrução secundária no Distrito Federal" (idem, p. 575-578).

Por sua vez, a segunda Constituição da República, de 16 de julho de 1934, ao tratar na seção II das atribuições do Poder Legislativo, distingue as competências privativas sujeitas à sanção presidencial, em número de 12, e as competências exclusivas, que atingem o total de 11. Entre as primeiras está a de legislar sobre "todas as matérias de competência da União, constantes do Art. 5º", cuja alínea XIV estabelece como competência privativa da União "traçar as diretrizes da educação nacional" (idem, p. 515-516 e 505).

Como já foi dito, a Constituição de 10 de novembro de 1937, que instituiu o "Estado Novo", não define explicitamente as atribuições do Congresso Nacional. Entretanto, ao tratar do "Poder Legislativo", estabelece no artigo 38 que o mesmo é exercido pelo Parlamento Nacional e que este se compõe de duas Câmaras: a Câmara dos Deputados e o Conselho Federal (idem, p. 425). E, no artigo 49, define que "compete à Câmara dos Deputados iniciar a discussão e votação das leis de impostos e fixação das forças de terra e mar, bem como todas as que importarem aumento de despesa" (idem, p. 427). O artigo 55, por sua vez, teve a seguinte redação:

Art. 55. Compete ainda ao Conselho Federal:
a) aprovar as nomeações de ministros do Supremo Tribunal Federal e do Tribunal de Contas, dos representantes diplomáticos, exceto os enviados em missão extraordinária;
b) aprovar os acordos concluídos entre os Estados [idem, p. 428].

Observe-se que a fórmula "compete ainda" se deve ao fato de que o artigo 53 estabelecia que "ao Conselho Federal cabe legislar para o Distrito Federal e para os Territórios, no que se referir aos interesses peculiares dos mesmos" (idem, p. 427).

O que foi acima transcrito é tudo o que a Constituição de 1937 prescreve como competência do Parlamento. Vê-se, assim, que a referida Constituição secundarizava nitidamente o Legislativo hipertrofiando o Poder Executivo, que enfeixava em suas mãos grande parte das funções legislativas exercidas pela emissão de decretos. Isso é compreensível uma vez que, através da mencionada Carta, foi instituído um regime ditatorial.

A Constituição promulgada a 18 de setembro de 1946 retoma a tradição republicana definindo nove atribuições do Congresso Nacional sujeitas à sanção presidencial e 10 de sua competência exclusiva, conforme estipulado nos artigos 65 e 66 da seção IV (idem, p. 226). Entre as atribuições dependentes de sanção figura a de legislar sobre todas as matérias de competência da União, entre elas a legislação sobre diretrizes e bases da educação nacional de acordo com o disposto no artigo 5º, inciso XV, alínea *d* (idem, p. 213).

A Constituição de 24 de janeiro de 1967, assim como a Emenda Constitucional n. 1 de 17 de outubro de 1969, baixadas ambas já na vigência do regime militar implantado com o golpe de Estado de 1964, mantêm, no fundamental, os dispositivos da Constituição de 1946 no tocante ao Poder Legislativo, conforme se pode constatar através da seção IV do capítulo VI tanto da redação de 1967 como de 1969 (idem, p. 139-140 e 29).

O registro *supra* é importante porque está em consonância, como veremos nos capítulos três e quatro, com a pretensão do regime pós-1964 de se autoproclamar "democrático".

Entretanto, o mesmo registro mostra que o exame das funções do Congresso Nacional não pode se limitar ao estabelecido pela letra dos textos legais. Com efeito, apesar de os textos constitucionais de 1967 e 1969 serem, no que diz respeito ao Parlamento Nacional, muito semelhantes ao texto de 1946, as funções desempenhadas pelo Congresso Nacional numa e noutra situação foram, como veremos nos próximos capítulos, claramente diferenciadas em razão da natureza diversa dos regimes políticos vigentes num e noutro caso.

Assim é que, além do ponto de vista legal, as funções do Legislativo podem ser abordadas, como o fez Sérgio Abranches, de um ponto de vista teórico. Afirma o referido autor:

> As funções que o Legislativo cumpre, no interior de cada sistema político, são variáveis. Contudo, há uma certa invariância, quanto aos tipos possíveis de funções que ele pode cumprir, e que são relevantes, do ponto de vista do sistema. Claro está que o Legislativo não tem por única, e nem por mais importante, a função legislativa [ABRANCHES, 1973, p. 15].

E conclui, com Hutington, que, "para existir e ser importante, o Legislativo não precisa legislar" (idem, ibidem). Arrola, a seguir, as seguintes funções atribuídas com "uma invariância" ao Poder Legislativo:

a) *Função legislativa*. Sua maior ou menor amplitude no âmbito do Parlamento é inversamente proporcional à maior ou menor força do Poder Executivo.

b) *Função de fiscalização*. Esta é também uma função que está na dependência das relações entre o Legislativo e o Executivo. "Em geral, admite-se que, no Estado contemporâneo, esta é a função que deve pertencer, intrinsecamente, ao Legislativo, e não a de legislar" (idem, ibidem). Apoiando-se em Finer, Abranches afirma "que o problema principal do Estado atual é o controle da atividade do governo e da administração cotidiana" (idem, ibidem).

c) *Função de legitimação*. Trata-se do reconhecimento por parte de grupos politicamente significativos no âmbito da sociedade civil de que o Legislativo constitui instrumento adequado no encaminhamento de suas reivindicações, o que tende a tornar aceitável determinado regime político ainda que o mesmo esteja fortemente marcado pelo caráter autoritário.

d) *Função de mobilização*. Implica a aceitação por parte dos principais agentes políticos de que cabe ao Legislativo coordenar tanto as ações oposicionistas como as situacionistas em face do regime em vigor. Neste ponto lembra o autor que essas duas últimas funções, de legitimação e de mobilização, "podem assumir conteúdos que as tornem incompatíveis entre si" (idem, ibidem).

e) *Função clientelística*. Aqui está em jogo a busca de manutenção do prestígio dos parlamentares junto a seu eleitorado através da manipulação de cargos e verbas bem como pela agilização dos interesses de seus eleitores perante a burocracia dos órgãos públicos.

f) *Função de socialização política*, pela qual o Legislativo se constitui numa espécie de escola prática de formação de quadros políticos de diferentes tipos e níveis.

g) *Função de recrutamento*, através da qual o legislativo atua "fornecendo elementos politicamente habilitados para a formação de gabinetes, para o Executivo Federal, para os Executivos estaduais etc. etc." (idem, p. 16).

Ao concluir a exposição das funções, o autor justifica o caráter esquemático da apresentação afirmando que não são as referidas funções que determinam a posição do Legislativo no sistema político; ao contrário, são elas que decorrem da posição ocupada pelo Poder Legislativo. Daí o caráter variável das mesmas conforme variam os contextos, seja no âmbito mais abrangente do sistema político, seja no nível partidário, seja, ainda, no âmbito específico da própria instituição legislativa. E, sobre o modo como são determinadas as funções do Legislativo, conclui da seguinte maneira:

> Sua determinação, pretende-se, é uma questão empírica, mais que teórica. O que importa é a análise da posição do Legislativo no sistema político e social, o efeito da estrutura partidária no seu interior, e o

grau de solidariedade interna. Suas funções serão determinadas pelas relações entre estes níveis, não por preceitos formais existentes [idem, ibidem].

Não é objetivo deste estudo efetuar exaustivamente a comprovação empírica reclamada pelo autor em relação às funções do Congresso enunciadas no plano teórico. Aliás, o próprio Abranches cuida dessa comprovação com certa minúcia, embora parcialmente, ao analisar o processo legislativo na República Velha, no período de 1946 a 1966 e de 1967 a 1973. De nossa parte, pretendemos indicar apenas os elementos mais significativos para efeitos de facilitar a localização do objeto específico deste trabalho a ser examinado nos próximos capítulos.

O Parlamento, sendo o órgão da sociedade política mais diretamente ligado à sociedade civil, o lugar por ele ocupado bem como sua importância política estão na razão direta do grau de organização da sociedade civil, que, por sua vez, é determinada pela forma de produção material dominante.

Assim é que no período imperial, cuja economia se centrava na agricultura de exportação com destaque para o café, dominavam a vida civil os proprietários de terra, que se faziam representar não apenas hegemonicamente, mas, via de regra, com exclusividade no Parlamento.

Eis por que já antes da Independência, em 19 de junho de 1822, foram definidas as condições para a composição do eleitorado que iria eleger os membros da Constituinte, ficando de fora os assalariados e, obviamente, os escravos.

E o projeto da Constituição, formulado em seguida, estabelecia que as eleições seriam de dois graus. Para se votar nas assembleias primárias, que escolhiam os eleitores, exigia-se um mínimo de renda líquida no valor de 150 alqueires de farinha de mandioca. Para os eleitores de 2º grau, a quem cabia eleger os deputados e senadores, a renda mínima elevava-se a 250 alqueires de farinha. Para se aspirar a ser deputado exigiam-se 500 alqueires. A postulação ao Senado ficava reservada àqueles cuja renda líquida atingia, no mínimo, mil alqueires de farinha de mandioca. Daí a denominação "constituição da mandioca" com que ficou conhecido o projeto (MENDES JR, RONCARI & MARANHÃO, 1982, p. 177-178).

Não obstante as restrições *supra*, o projeto era considerado mais democrático do que a Constituição outorgada por D. Pedro I em 1824, uma vez que nesta "se adotou o critério censitário estipulando taxas relativamente elevadas para qualificação de votantes, eleitores e deputados" (COSTA in MOTA, 1985, p. 115).

Além de excluir do processo político as demais classes, os senhores de terra também se empenharam em defender os seus privilégios, dificultando o acesso à propriedade, como demonstra a Lei de Terras aprovada em 1850 em decorrência de projeto formulado pelo Conselho de Estado em 1842 e encaminhado à Câmara dos Deputados em 1843. Emília Viotti Costa assim descreve o teor da proposta:

> O projeto baseava-se nas teorias de Wakefield e inspirava-se na suposição de que, numa região onde o acesso à terra era fácil, seria impossível obter pessoas para trabalhar nas fazendas, a não ser que elas fossem compelidas pela escravidão. A única maneira de obter trabalho livre, nessas circunstâncias, seria criar obstáculos à propriedade rural, de modo que o trabalhador livre, incapaz de adquirir terras, fosse forçado a trabalhar nas fazendas. Portanto, os tradicionais meios de acesso à terra – ocupação, formas de arrendamento, meação – seriam proscritos [COSTA, 1979, p. 133].

Em consequência, a Lei de Terras aprovada em 1850 estabelecia a compra como a única forma de aquisição de terras públicas. E o preço destas seria fixado a um nível tal que praticamente inviabilizava a sua aquisição por aqueles que não dispunham de altas rendas, só sendo, assim, acessíveis aos já proprietários.

Emília Viotti Costa resume sua apreciação da referida lei nos seguintes termos:

> Se olharmos mais de perto o projeto de lei e os argumentos daqueles que o defenderam na Câmara dos Deputados, torna-se óbvio que os legisladores queriam fomentar o desenvolvimento do sistema de *plantation*, que constituía a base da economia brasileira. Eles estavam dispostos a dar ao governo o poder para controlar a terra e o trabalho, apenas para assegurar o sucesso da economia tipo *plantation*. Em relação à terra, o governo não

era visto como um mero proprietário, mas como um representante do povo, de quem derivava seu poder para controlar a terra e o trabalho. De acordo com as modernas ideias de lucro e produtividade, os legisladores deram vários passos para forçar o proprietário rural a usar a terra de uma maneira mais racional. Conscientes da necessidade de um novo tipo de trabalho para substituir o escravo, eles recorreram à imigração como fonte de trabalho. Finalmente, supondo que num país onde a terra era disponível em grandes quantidades o imigrante poderia se tornar proprietário rural ao invés de trabalhar numa fazenda, eles tentaram tornar mais difícil o acesso à terra, a fim de forçar os imigrantes a trabalharem nas fazendas [idem, p. 136].

Eis como se aplicou no Brasil a "teoria da colonização sistemática" de Wakefield. Tal é a teoria da colonização que, no dizer de Marx, "a Inglaterra procurou por algum tempo pôr em prática através de leis", tendo "por objetivo fabricar assalariados nas colônias" (MARX, 1968, p. 884).

É nesse quadro que se compõe o perfil parlamentar, como sintetiza com toda clareza Francisco Iglésias, referindo-se ao período de 1848 a 1868:

A composição do Parlamento é a mesma de antes e a que será a regra no Brasil imperial e mesmo em parte do republicano: o predomínio do bacharel, expressão dos ideais educativos da sociedade patriarcal, com o culto dos valores retóricos. *O grande agente das eleições é o senhor de terras*, que domina o Interior; o fazendeiro envia o filho a estudar, principalmente em Olinda e São Paulo, nas Faculdades de Direito, a fim de obter o título e o necessário preparo para a vida pública, vista então como campo de atividade reservado eminentemente ao bacharel [IGLÉSIAS in HOLANDA, 1972, v. 2, p. 16-17, grifos nossos].

Mais adiante o mesmo autor afirma que o senhor de terras quer ele próprio ser bacharel ou então faz do filho advogado para que possa ir brilhar na Corte:

O jovem bacharel, portanto, é para a cidade e para a tribuna; o fazendeiro, para o interior e para a lavoura; um dá a base eleitoral ampla e polida, o outro deve fazer a política em consonância com o interesse do grande eleitor [idem, p. 17].

Excluída a maioria da população e limitado o jogo político às elites dominantes, as disputas então travadas se circunscreveram às diferentes tendências da classe dominante. São dessa ordem os debates levados a efeito na Assembleia assim como o conflito entre a Assembleia e o imperador. Delineia-se, já a partir daí, a diferença entre liberais e conservadores que posteriormente irá assumir a forma de partidos. Segundo Afonso Arinos, "a formação do Partido Liberal coincide com a elaboração do Ato Adicional e a do Conservador com a feitura da lei de interpretação" (FRANCO, 1980, p. 31). Quer dizer, o Partido Liberal organiza-se desde a Abdicação, assumindo forma estável com a vitória do Ato Adicional de 1834. Ainda segundo o mesmo autor, o Partido Conservador constitui-se a partir das eleições de 1836, consolidando-se com a lei de interpretação do Ato Adicional editada em 1840 (idem, p. 36).

É mister, porém, observar que o liberalismo assume nesse período diferentes matizes. Emília Viotti Costa, analisando apenas o Primeiro Império e o período regencial, identifica cinco modalidades que vão desde o liberalismo "heroico" até a vitória do liberalismo regressista, passando pelo liberalismo antidemocrático dos constituintes, o liberalismo moderado e o liberalismo radical dos primeiros anos da Regência (COSTA, 1979, p. 109-126).

O embate entre a Assembleia e D. Pedro I foi a forma pela qual se manifestou o conflito entre o Legislativo e o Executivo no Primeiro Império.

Tal conflito iniciou-se já nas discussões da Assembleia Constituinte, em que os "liberais" procuravam alargar o âmbito de competência do Poder Legislativo restringindo, em consequência, o poder do imperador, processo que culminou na aparente vitória do Executivo através da dissolução da Assembleia Constituinte em 1823. Depois disso a Câmara dos Deputados só veio a ser convocada em 1826, reacendendo-se o conflito que iria culminar na abdicação de D. Pedro I, portanto, na vitória do Legislativo sobre o Executivo.

A abdicação, em 7 de abril de 1831, significou também, de certa forma, a vitória dos "liberais" que, entretanto, cederá lugar ao domínio conservador com a lei de interpretação do Ato Adicional de 12 de maio de 1840. Cabe registrar, porém, que as reivindicações dos liberais não eram muito diferentes daquelas dos representantes mais conservadores, o que se compreende pelo que já foi assinalado, isto é, tanto uns como outros assentavam na mesma base socioeconômica constituída pelos proprietários de terras. Na verdade os liberais expressavam, via de regra, a tendência modernizante, ao passo que os conservadores representavam o setor tradicional das oligarquias rurais.

A relativa prosperidade econômica usufruída pelo país na década de 1850 forneceu as bases para o surgimento da proposta explícita de uma política de conciliação.

Com efeito, a prática da conciliação é uma constante nos registros dos historiadores desde a Independência até os dias atuais. Entretanto, na década de 1850 ensaia-se a formulação expressa da política de conciliação provavelmente como tradução dos anseios de perpetuação das condições existentes. O período da conciliação propriamente dita vai de 1853 a 1858 (IGLÉSIAS in HOLANDA, 1972, v. 2, p. 69-70). A partir daí retoma-se o revezamento no controle político por parte de conservadores e liberais, tão característico do período imperial, haja vista o sucesso da frase de Holanda Cavalcanti: "Não há nada mais parecido com um 'saquarema' (conservador) do que um 'luzia' (liberal) no poder".

Nos embates que ao longo do Império os principais setores da sociedade civil travaram pelo controle da sociedade política, além dos partidos políticos que visavam diretamente ao exercício do poder governamental, não faltaram também os partidos ideológicos configurados não apenas na presença da Igreja e da imprensa, registrando-se igualmente a existência concomitante e sucessiva de ligas e sociedades secretas de diferentes matizes, tais como a Sociedade Defensora da Liberdade e Independência Nacional, a Sociedade Federal, a Sociedade Conservadora da Constituição Brasileira, a Sociedade Militar, a Sociedade Promotora do Bem Público, a Sociedade Secreta "Apostolado" e as lojas maçônicas como "Os Cavaleiros da Luz" e "Grande Oriente".

Mas o Segundo Império se desenrolou sobre a base do desenvolvimento da economia cafeeira, que trouxe consigo o predomínio do setor moderno representado fundamentalmente pelos cafeicultores do Oeste Paulista sobre o setor tradicional compartilhado sobretudo pelos fazendeiros fluminenses e do Vale do Paraíba. Tal predomínio reforçou os ideais republicanos materializados na criação do Partido Republicano em 1870, tendo como desfecho a Proclamação da República. Com o regime republicano, consolidou-se o domínio político dos fazendeiros do Oeste Paulista sobre a base do poder econômico que de fato já exerciam. Seus aliados principais passaram a ser os fazendeiros da Zona da Mata e sul de Minas, onde a cultura do café também se desenvolvia à base das novas condições produtivas.

Já o Manifesto do Partido Republicano definia em 1870 a ideia federalista defendendo como "princípio cardeal e solene" a autonomia das províncias a serem elevadas à categoria de estados. Tal orientação política foi incrementada por Prudente de Morais, do interior paulista e republicano de primeira hora, e consolidada por Campos Sales, natural de Campinas e também republicano de primeira hora, através do fenômeno que ficou conhecido como "política dos governadores". Eis por que a República Velha se caracterizou pela inexistência de partidos nacionais, tendo sido dominada pelo Partido Republicano Paulista (PRP) em aliança com o Partido Republicano Mineiro.

Entretanto, a Primeira República caracteriza-se também por um processo de relativo desenvolvimento urbano e industrial que traz consigo a constituição de um proletariado incipiente mas combativo, influenciado nas duas primeiras décadas do século vinte pelas ideias anarquistas difundidas principalmente por operários imigrantes.

Dado o caráter da ideologia que professavam, os anarquistas não organizaram partidos políticos (Fausto, 1977). Constituíram, entretanto, partidos ideológicos de diferentes tipos. Desenvolveram uma imprensa operária combativa, editando grande número de jornais tanto em português como em italiano e em espanhol (FERREIRA, 1978). Organizaram sindicatos, fundaram várias "escolas modernas" inspiradas na pedagogia do educador espanhol Francisco Ferrer e criaram bibliotecas populares.

Em 1922 é fundado o Partido Comunista do Brasil[1] (PCB) que, impulsionado pela vitória da Revolução Russa, tende a suplantar a influência anarquista no meio operário, destacando a importância e, mesmo, o primado da luta política sobre as lutas econômica e ideológica. Em 1927 os comunistas criam o Bloco Operário-Camponês (BOC), que tinha o caráter de um partido dos trabalhadores destinado a travar a luta política também no âmbito parlamentar (DECCA, 1981).

O poder oligárquico, de seu lado, respondia com a repressão a todas essas tentativas de mobilização dos trabalhadores, mantendo-os afastados do jogo político institucional, consoante a célebre expressão de Washington Luís que considerava a questão social caso de polícia.

Durante todo esse período, o Poder Legislativo desempenhou importante papel na manutenção do sistema de dominação. Entretanto, sob o impacto das novas condições socioeconômicas, o próprio bloco no poder cindiu-se, dando origem ao "movimento tenentista", à dissidência do PRP consubstanciada no Partido Democrático fundado em 1926 e à constituição da "Aliança Liberal" decorrente da articulação do Rio Grande do Sul com Minas, que rompera com São Paulo, aliança esta que contou também com o apoio da Paraíba.

Sérgio Abranches resume seus estudos sobre o processo legislativo na Primeira República nos seguintes termos:

> O Legislativo, longe de ser uma instituição submissa ao Executivo oligárquico, era um instrumento afinado de manutenção do poder

---

1 O partido foi fundado em 25 de março de 1922, com o nome "Partido Comunista do Brasil" e a sigla "PCB", tendo passado a maior parte de sua história na ilegalidade. Para conquistar a legalidade o partido precisou se adequar juridicamente à legislação partidária, o que foi feito no V Congresso realizado em setembro de 1960, quando mudou seu nome para "Partido Comunista Brasileiro", mantendo-se a sigla "PCB". Em fevereiro de 1962 ocorreu uma dissidência que deu origem ao atual "Partido Comunista do Brasil" que, para se diferenciar do anterior, adotou a sigla "PCdoB".

das oligarquias estaduais e da descentralização federativa. Como tal era o mais eficaz mecanismo de vigilância ao Executivo, impedindo que este se tornasse o agente poderoso da centralização do poder da União, ameaçando, assim, a hegemonia estadual. Se o Legislativo, na maior parte das vezes, apoiou as medidas do Executivo, não foi por submissão ou irrelevância, mas porque ambos representavam a mesma área de igualdade, estando comprometidos com a mesma vontade e os mesmos interesses: o da oligarquia dominante, crucialmente vinculada à economia agroexportadora e à estrutura latifundista, consubstanciada nas explorações tipo *plantation* [ABRANCHES, 1973, p. 179-180].

A revolução de outubro de 1930 conduziu ao poder Getúlio Vargas, candidato da Aliança Liberal derrotado nas eleições de março, que foram consideradas fraudulentas. Exercendo a Presidência em caráter provisório, em cujo período foi eleita uma Assembleia Nacional Constituinte que elaborou uma nova Constituição promulgada em 1934, Getúlio Vargas foi eleito pela própria Assembleia, então transformada em Congresso Nacional, para um período presidencial de quatro anos durante o qual o Congresso Nacional funcionou regularmente, operando, inclusive, como órgão legitimador das medidas de exceção que Vargas ia instituindo progressivamente, sob o pretexto de combater ações subversivas.

O mandato constitucional de Vargas deveria encerrar-se com as eleições diretas do novo presidente, marcadas para janeiro de 1938, nas quais Getúlio estava impedido de se candidatar à reeleição. Entretanto, em 10 de novembro de 1937, Vargas institui o Estado Novo, outorga uma nova Constituição e continua no poder, agora na condição de ditador.

Em consequência, o Poder Legislativo é absorvido pelo Executivo. Com efeito, em sua mensagem radiofônica do mesmo dia 10 de novembro, Getúlio afirma que o Brasil devia abandonar a "democracia dos partidos", entendida como um regime que "ameaça a unidade pátria" e considera "desaconselhável" a continuidade do Congresso, que é caracterizado como um "aparelho inadequado e dispendioso". Em suma, cabia ao Brasil instaurar um "regime forte, de paz, de justiça e de trabalho para reajustar o organismo político às necessidades econômicas do país" (SKIDMORE, 1969, p. 50).

Com a queda do Estado Novo em 1945 o novo Congresso eleito em 2 de dezembro assumiu o caráter de Assembleia Constituinte e em setembro de 1946 aprovou a nova Constituição.

Durante o período da chamada República populista o Legislativo desempenhou importante papel na defesa do "pacto de dominação" decorrente da correlação de forças que viabilizou a derrubada do Estado Novo. Gozando de relativa estabilidade e tranquilidade e estabelecendo relações harmoniosas com o Executivo, como nos governos de Dutra e Juscelino; ou agitado por relações conflituosas e antagonizado pelo Executivo, como nos períodos de Getúlio, Jânio e Goulart, o Congresso Nacional, através da formulação das regras do jogo, da ação destacada na solução das crises políticas, da apresentação de *impeachments* e de diferentes mecanismos de resistência à mudança, foi fator decisivo na manutenção do referido pacto.

É importante destacar a função de resistência às mudanças porque, como assinala Abranches, por uma espécie de distorção das ciências sociais, os estudos têm privilegiado os fatores que atuam positivamente nos processos de mudança. Aqueles que operam negativamente, isto é, como elementos que inviabilizam as mudanças, têm sido negligenciados. Em consequência, sendo o Legislativo considerado conservador e, portanto, obstáculo ao desenvolvimento, sua análise é desconsiderada nos estudos sobre o processo de desenvolvimento. Entretanto, cabe considerar a participação efetiva dessa instituição nos processos de mudança, enquanto fator impeditivo das mesmas.

Ainda segundo Abranches, o Congresso, por refletir em seu interior a composição de forças do pacto, é responsável pela vigilância necessária à sua manutenção e, ao mesmo tempo, funciona como um limitador das ações externas, em especial do Executivo, que possam ameaçar o equilíbrio de forças vigente:

> Este duplo aspecto na composição do Legislativo é fundamental, pois, embora o mecanismo de manutenção do poder interno de grupos

conservadores tenha funcionado eficientemente, o fato de esta composição refletir, necessariamente, a evolução das forças políticas, externas ao Legislativo, levou ao crescimento real da representação trabalhista, cada vez mais formada de elementos reformistas. Assim, também dentro do Legislativo consubstanciava-se o conflito entre reformistas e conservadores, disciplinado, entretanto, pelas regras do jogo parlamentar e pelos compromissos derivados do "pacto de dominação". Como resultado desta situação, a ação política do Legislativo oscilou, sempre, entre o conflito e a conciliação, sem contudo deixar de ser, em qualquer momento, conservadora [ABRANCHES, 1973, p. 70].

Como veremos no próximo capítulo, a República populista consistiu num regime de "democracia restrita" sustentada pela estratégia da "conciliação". Com efeito, se a República Velha tratou a questão social como um caso de polícia e o Estado Novo considerou-a uma questão legal equacionada através da legislação trabalhista, a República populista admitiu o seu caráter de questão política restringindo, porém, os trabalhadores à condição de massa de manobra dos interesses eleitorais das elites dominantes. Não se permitiu, portanto, que a classe trabalhadora integrasse o pacto político. De fato, em se tratando de um pacto de dominação, esta exercia-se exatamente sobre os trabalhadores, não sendo, pois, possível a sua participação no referido pacto.

Expressão dessa restrição à classe trabalhadora foi o fechamento, já em 1947, do PCB, considerada a impraticabilidade da sua inclusão no "pacto de dominação". Concomitantemente, o Partido Trabalhista Brasileiro (PTB), criado por Getúlio exatamente para afastar os trabalhadores da influência comunista, foi utilizado como instrumento de manipulação das classes trabalhadoras. Entretanto, no decorrer do processo, a relação tende a inverter-se, passando os trabalhadores a utilizar o PTB como um instrumento de pressão por reformas estruturais no sistema. Em consequência, a crescente participação das massas populares no jogo político traduz-se no crescimento da força do PTB. Assim, enquanto o Partido Social Democrático (PSD) reduz o número de cadeiras na Câmara dos Deputados de 52,8% em 1945 para 28,8% em

1963 e a União Democrática Nacional (UDN) passa de 27% para 22,2% no mesmo período, o PTB evolui de 7,7% em 1945 para 28,4% em 1963 (TSE, *Dados Estatísticos Eleitorais*, apud ABRANCHES, 1973, p. 66). As pressões cada vez mais insistentes por reformas de base oriundas da área trabalhista colocaram em evidência os limites do "pacto de dominação". O Congresso Nacional agiu a fim de prolongar ao máximo a existência do regime então vigente:

> Ao formular o quadro institucional, responsável pela organização superestrutural do sistema de poder, o Legislativo criou mecanismos que possibilitassem, ao máximo, a sobrevivência deste sistema, criou instâncias para a intervenção militar, restrita, no entanto, a um papel moderador, ficando assim com a responsabilidade da solução política e institucional das crises. Deste modo, consolidou um sistema de relações entre os diversos parceiros, através do qual ele poderia restringir a ação reformista do Executivo e, sempre que a pressão das áreas de igualdade mais reformistas ameaçasse a estabilidade do "pacto de dominação", dar partida a um processo de crise, com acionamento dos dispositivos militares e políticos, na reestruturação de um *modus vivendi* mais aceitável entre os componentes do "pacto de dominação" [ABRANCHES, 1973, p. 180-181].

A última crise, entretanto, implicou a desarticulação do próprio pacto, o que se efetivou com o golpe militar de 1964.

No novo contexto o Congresso a princípio entrou em conflito com o Executivo em defesa dos interesses internos à instituição (1964-1968), passando a desempenhar o papel de legitimação do regime autoritário (1969-1974) e participando ativamente do processo de "distensão lenta, gradual e segura", bem como da "abertura democrática" que desembocou na "Nova República".

2. O Congresso Nacional na Educação Brasileira

Indicada em suas linhas básicas a localização política do Congresso Nacional no contexto brasileiro, destacando, de modo especial, as suas relações com o Executivo, cabe agora apontar, de forma muito sumária, o sentido geral da presença da educação na ação parlamentar enfocada, também, pelo prisma das relações com o Executivo.

Proclamada a Independência, já ao inaugurar a Assembleia Constituinte e Legislativa, em 3 de maio de 1823, D. Pedro I chamou a atenção para a necessidade de uma legislação específica sobre a instrução.

Abertos os trabalhos e eleita uma Comissão de Instrução Pública, ao longo dos seis meses de funcionamento da Assembleia Constituinte vieram à luz dois projetos relativos à instrução pública: projeto do Tratado de Educação para a Mocidade Brasileira e projeto de Criação de Universidades (XAVIER, 1980, p. 22).

O primeiro projeto foi apresentado pela Comissão à Assembleia em 16 de junho de 1823 e propunha a concessão de prêmio a quem apresentasse o melhor tratado de educação física, moral e intelectual da mocidade brasileira. O referido projeto foi objeto de muitos e acalorados debates no decorrer de seis sessões, a última delas realizada em 11 de agosto. Entretanto, em virtude da grande quantidade de emendas, o projeto teve sua votação adiada até que se elaborasse nova redação. Caiu, porém, no esquecimento, não voltando mais ao plenário (idem, p. 22-29).

Sorte bem diversa teve o segundo projeto, o da Criação de Universidades. Propunha ele a criação de duas universidades, uma em São Paulo e outra em Olinda. Apresentado à Assembleia pela Comissão de Instrução em 19 de agosto de 1823, "foi requerida urgência e vencida unanimemente, sem discussão; e fazendo-se logo a segunda leitura, venceu-se também que era objeto de deliberação, e mandou-se imprimir para ser debatido"[2].

Discutido em algumas sessões nas quais as divergências principais consistiam em se se deveria criar duas, três ou apenas uma universidade e onde deveriam estar elas localizadas, o projeto foi aprovado em 4 de novembro, prevalecendo, no fundamental, os termos do projeto original formulado pela Comissão de Instrução Pública. Entretanto, em 12 de

---

2 Annaes do Parlamento Brazileiro: Assemblea Constituinte, 1823, v. 2, t. IV, sessão de 19 de agosto de 1823, p. 132, apud Xavier (1980, p. 31).

novembro de 1823, D. Pedro I dissolveu a Assembleia Constituinte e Legislativa, não sendo, pois promulgado o único projeto sobre instrução pública elaborado e aprovado pela Assembleia (idem, p. 30-36).

Se levarmos em conta o que foi registrado no item anterior sobre a composição do Parlamento no período imperial, fica clara a razão do diferente tratamento dispensado pela Assembleia aos dois projetos. Com efeito, os parlamentares eram, via de regra, bacharéis e representantes dos senhores de terra. Nessas circunstâncias, compreendem-se os inúmeros discursos acompanhados de desinteresse real pela questão da instrução popular e, em contrapartida, o interesse real, bastante ágil e prático, pela criação de universidades. Eis por que o projeto aprovado, além de prever, em seu artigo 1º, a criação de duas universidades, antevendo já as dificuldades para tal empreendimento, estabeleceu no artigo 4º: "Entretanto, haverão [sic] desde já dois cursos jurídicos, um na cidade de São Paulo e outro na de Olinda..." (idem, p. 35).

Eis, pois, a conclusão: a educação popular podia não apenas esperar por um "Tratado de Educação para a Mocidade Brasileira", mas este mesmo tratado podia ser adiado *sine die*. Já a formação dos bacharéis não podia esperar um só instante; sua criação tinha de ser imediata. De fato, a motivação básica para a criação de universidades foi claramente expressa por José Feliciano Fernandes Pinheiro, deputado pelo Rio Grande do Sul, na sessão de 14 de junho de 1823:

> Uma porção escolhida da grande família brasileira, a mocidade a quem um nobre estímulo levou à Universidade de Coimbra, geme ali debaixo dos mais duros tratamentos e opressão, não se decidindo, apesar de tudo, a interromper e a abandonar a sua carreira, já incertos de como será semelhante conduta avaliada por seus pais, já desanimados por não haver ainda no Brasil institutos onde prossigam e rematem seus encetados estudos[3].

---

3 Annaes do Parlamento Brazileiro: Assemblea Constituinte, 1823, v. 1, t. II, sessão de 14 de junho de 1823, p. 63, apud Xavier (1980, p. 30).

Maria Elizabete Xavier assim comenta o referido discurso:

> E é em consideração à "amarga conjuntura" em que se encontram esses jovens, "voltados para a pátria por quem suspiram", que pede seja encaminhada para a Comissão de Instrução a indicação de criação de "pelo menos uma Universidade" [idem, p. 30].

O Parlamento só foi reaberto em 1826, iniciando-se os trabalhos em 3 de maio, tendo surgido, nos primeiros meses, várias manifestações e propostas relativas à instrução popular. As manifestações referiam-se à necessidade de um plano geral de instrução, mas, no todo, as propostas solicitavam a criação de escolas nesta ou naquela província, conforme a origem dos deputados que as apresentavam. Foram, porém, apresentados pela Comissão de Instrução dois projetos de cunho geral. O primeiro, que ficou conhecido como Projeto de Reforma Januário da Cunha Barbosa, era bastante ambicioso e propunha que fosse organizada a instrução pública no Império em quatro graus: pedagogias, liceus, ginásios e academias, abrangendo, portanto, desde a escola primária, passando pelo ensino profissional e formação científica, até o ensino superior. Tal projeto, porém, nem chegou a entrar em discussão, não sendo registrada qualquer justificativa para seu abandono.

O outro projeto da Comissão era bem mais modesto e propunha apenas a criação de escolas de primeiras letras. Apresentado à Câmara dos Deputados em 9 de junho de 1827, após muitas discussões o projeto foi aprovado com algumas emendas em 30 de julho e encaminhado ao Senado Federal. Ao retornar à Câmara para apreciação das emendas apresentadas pelo Senado, o projeto foi aprovado sem discussões em 18 de setembro e transformado em decreto imperial em 15 de outubro. Ficou conhecido como a Lei de 15 de outubro de 1827, tendo sido nossa primeira lei nacional sobre instrução pública, além de se constituir na única lei geral sobre o ensino primário até 1946.

Sobre a referida lei, assim se manifestou Geraldo Bastos Silva, referindo-se à denominação de "escolas de primeiras letras" em lugar de "escolas primárias", como previsto na Constituição:

Se a denominação de escola primária representaria, política e pedagogicamente, a permanência da ideia de um ensino público suficientemente difundido e realmente formativo, a classificação de "escolas de primeiras letras" simbolizava, antecipadamente, a tibieza congênita que irá marcar a maior parte dos esforços de educação popular durante o Império, e até mesmo na República [Silva, 1969, p. 193].

E, após considerar tanto a "falta de uma genuína necessidade de educação escolar", dado o caráter agrário e escravista da sociedade brasileira no período imperial, como também "a limitação das ideias dominantes em relação à educação elementar" na Alemanha e França, em contraste com o prestígio do ensino secundário, observa o mesmo autor:

> Não é de admirar, portanto, que, entre nós, as preocupações educacionais também se deslocassem do problema mais amplo da organização completa de um sistema nacional de educação, que predominara na Constituinte e na fase imediatamente posterior, para aqueles outros que, de modo mais restrito, respondiam a necessidades fragmentárias e específicas: o de um sumário ensino de "primeiras letras", para as camadas populares das aglomerações urbanas, e os do ensino superior profissional e da criação de algumas instituições de tipo secundário, onde fosse feita a indispensável preparação a esse ensino superior [idem, p. 195].

Com o Ato Adicional de 1834, conforme estipulado no artigo 10, atribui-se às Assembleias Legislativas Provinciais a competência para legislar sobre ensino, excluído o nível superior. Assim, a partir daí, o governo central reteve a incumbência relativa ao ensino superior em todo o país, limitando sua ação nos demais níveis ao município da Corte. Às províncias cabia a responsabilidade pelo ensino primário e secundário nos respectivos territórios.

Sobre esse dispositivo do Ato Adicional, observou Maria Luísa Ribeiro:

> O curioso é que pelo art. 83 da Constituição de 1824, ficava vedado às Assembleias Provinciais a proposição e deliberação sobre assuntos de interesse geral da nação. Isto parece indicar que a instrução, em seus níveis

elementar e secundário, não era considerada como "assunto de interesse geral da nação" [RIBEIRO, 1978, p. 28].

Em consequência, o Parlamento brasileiro só veio a se ocupar, em nível nacional, do ensino primário e secundário por ocasião da Lei de Diretrizes e Bases da Educação Nacional, aprovada em 1961. Com efeito, a organização geral do ensino secundário, integrante das reformas Francisco Campos, fora baixada por decreto (Decreto n. 19.890, de 18 de abril de 1931 e n. 21.241, de 4 de abril de 1932), o mesmo ocorrendo com a Lei Orgânica do Ensino Primário, integrante da reforma Capanema, instituída através do Decreto-lei n. 8.529, promulgado em 2 de janeiro de 1946 (ROMANELLI, 1978, p. 134 e 159).

Em todo esse período, desde o final do Primeiro Império até nossos dias, ressalta a primazia da iniciativa do Executivo sobre o Legislativo em matéria de educação. Isso é evidenciado inclusive pelo fato de que a maioria das reformas ficaram conhecidas pelos nomes de seus proponentes, em geral ministros de Estado.

Assim, no Segundo Império, temos a reforma Couto Ferraz, que apresentara um projeto na condição de deputado em 1851, projeto esse aprovado pela Assembleia Geral Legislativa (PAIVA, 1973, p. 70), mas só transformado em reforma ao ser regulamentado em 1854, quando Couto Ferraz já era ministro. O mesmo se diga da reforma Leôncio de Carvalho, cujo projeto fora por ele apresentado à Assembleia em 1878, mas decretada em 1879, com Leôncio de Carvalho na condição de ministro. Além disso, foram propostos os projetos Paulino de Souza (1870) e Barão de Mamoré (1887), ambos também ministros, acrescentando-se o de João Alfredo (1874) e, em 1882, o de Almeida e Oliveira (MOACYR, 1937). Registre-se que todas essas reformas e projetos referiam-se ao município da Corte.

No período republicano, o ciclo de reformas inicia-se com o ministro Benjamin Constant, cuja reforma foi decretada em 1890 e posta em prática em 1891, prosseguindo com o Código Epitácio Pessoa (1901), seguido das reformas Rivadávia Corrêa (1911), Carlos Maximiliano (1915) e Luiz Alves/Rocha Vaz (1925). Durante a Primeira República, como informa Jorge Nagle, o Poder Executivo solicitava autorização ao Poder Legislativo para reorganizar a instrução pública, continuando a "tradição de incluir nas leis orçamentárias dispositivos autorizando o Poder Executivo a reformar a instrução pública" (NAGLE, 1974, p. 338 e 142, nota 23).

Com a Revolução de 1930, como já se disse, foram baixadas por decreto as reformas de Francisco Campos, que abrangiam os ensinos médio e superior, com validade para todo o território nacional. E durante o Estado Novo, por iniciativa do ministro Gustavo Capanema, foram decretadas as Leis Orgânicas do Ensino Industrial (1942), do Ensino Secundário (1942) e do Ensino Comercial (1943), além das Leis Orgânicas do Ensino Primário, do Ensino Normal e do Ensino Agrícola, decretadas em 1946, portanto, imediatamente após a queda do Estado Novo. Com isso, procedendo por partes, foram reorganizados todos os ramos do ensino primário e médio. Após o Estado Novo, as principais leis de ensino são aquelas que constituem o objeto específico do presente trabalho e cujo significado político será examinado nos próximos capítulos.

Capítulo 2

O Congresso Nacional e a Lei n. 4.024/61

A Estratégia da "Conciliação" na "Democracia Restrita"

1. O Projeto Original

O projeto de lei de Diretrizes e Bases da Educação Nacional decorreu da exigência do artigo 5º, XV, *d*, da Constituição Federal de 18 de setembro de 1946. Para dar cumprimento a esse dispositivo constitucional, que concedeu à União competência para fixar as "diretrizes e bases da educação nacional", o ministro da Educação, Clemente Mariani, constituiu uma comissão composta por educadores de variadas tendências. A referida comissão foi instalada em 29 de abril de 1947.

Dos trabalhos da comissão resultou um anteprojeto de lei que, alterado em alguns aspectos pelo ministro, deu origem ao projeto de lei de Diretrizes e Bases da Educação Nacional. O referido projeto, acompanhado por Exposição de Motivos do ministro da Educação e Saúde, pelo anteprojeto elaborado pela comissão designada pelo governo e por dois relatórios, sendo um da comissão e outro da subcomissão do ensino médio, foi encaminhado pelo presidente da República à Câmara Federal em 29 de outubro de 1948, data em que se comemorava o aniversário da queda de Getúlio Vargas e do Estado Novo, sob a forma de Mensagem que recebeu o n. 605.

Para se compreender as vicissitudes pelas quais passou o projeto em questão no Congresso Nacional, é necessário levar em conta as vinculações políticas dos principais atores envolvidos no processo de tramitação do mesmo projeto.

Cumpre, pois, registrar que Clemente Mariani, ministro da Educação e Saúde, era membro da União Democrática Nacional (UDN). Eis por que, dirigindo-se ao presidente Eurico Gaspar Dutra, do Partido Social Democrático (PSD), em sua Exposição de Motivos, assim se manifestou o ministro:

> Porque considero que as alterações por mim introduzidas no anteprojeto [...] mantiveram-se estritamente dentro dos princípios gerais que nortearam os trabalhos da Comissão e que são os mesmos esposados por Vossa Excelência na sua plataforma de governo, bem como pelo candidato do meu partido, no desenrolar da grande campanha democrática em que foi seu leal e valoroso antagonista [DIÁRIO DO CONGRESSO NACIONAL – DCN, 12-2-57, p. 8].

E, mais adiante, já próximo do final de sua Exposição de Motivos, o ministro afirma:

> O regime instituído no projeto é, portanto, como eu o anunciava, sob este e muitos outros aspectos, menos uma reforma do que uma revolução. Mas uma revolução que nos integra nas fortes e vivas tradições de que fomos arrancados pela melancólica experiência da ditadura. Uma revolução por cujos ideais propugnaram Vossa Excelência e o Brigadeiro Eduardo Gomes, simultaneamente inscrevendo nas suas plataformas de governo os princípios que se consubstanciariam nos dispositivos constitucionais [idem, p. 9].

A referência *supra* é importante porque aponta na direção de um dos principais motivos que levaram o deputado Gustavo Capanema, do PSD, a insurgir-se contra o projeto das Diretrizes e Bases da Educação. Isso porque o referido projeto foi visto por Capanema como produto e expressão da posição política antigetulista, como atestam essas suas palavras:

> Não se iniciou ela (a proposta de lei) com intenções pedagógicas, como era tão natural que a nação desejasse e esperasse. É infeliz o projeto, porque nele não se contém apenas matéria de educação mas uma atitude política. Foi lançado num certo dia de 29 de outubro quando o então ministro da Educação, o eminente, o ilustre Clemente Mariani reuniu, no Palácio do Catete, os festejos do Governo Federal, com os aparelhos da propaganda, com os ruídos do civismo e da política de então, para comemorar, com a apresentação deste projeto, a queda do Presidente Getúlio Vargas [idem, p. 128].

E mais adiante acrescenta que o projeto não nasceu "com intenções educacionais, pedagógicas, frias e serenas, mas como uma atitude política" (idem, ibidem). Segundo o deputado, o projeto reuniu no Palácio do Catete "a fina flor dos inimigos da ditadura que para lá foram sob os holofotes dos fotógrafos e dos dips" (idem, ibidem).

Insistindo nessa tecla, o líder da maioria na Câmara Federal relaciona a orientação pedagógica do projeto com a intenção política de denegrir a ditadura do Estado Novo:

> É que o projeto não tem intenção pedagógica mas política... Estou empregando intenção política no mau sentido do termo... justamente no sentido com que desejo condenar o andamento do projeto, que esteve sepultado todo esse tempo, porque nasceu com a tremenda infelicidade de não ter uma intenção pedagógica, educacional, mas de pretender ser, na História do Brasil, uma revolução – foi a palavra empregada naquele dia pelo Ministro – *contra os princípios pedagógicos, filosóficos e políticos da ditadura*. O projeto era apresentado como uma revolução que se fazia contra o Presidente deposto, precisamente no terreno da educação que era aquele terreno em que, segundo os reformadores, a ditadura se tinha expressado de maneira mais viva, mais eloquente e mais durável [idem, ibidem, grifos meus].

E como ficava a posição do presidente Dutra, do PSD, que enviara o projeto ao Congresso e portanto o assumiu, diante do combate sem tréguas que travou contra o projeto o seu representante na Câmara de Deputados?

Respondendo a uma interpelação de Lopo Coelho, que lhe pedira para isentar Dutra, o próprio Capanema esclarece a questão:

> O Presidente Dutra declarou-me naquela época, quando lhe falei a respeito da educação e das diretrizes contidas no projeto que entre o Presidente que apresentava a Mensagem e o antigo colega de Ministério havia grande distância simplesmente que, como Presidente, ele tinha encaminhado o projeto, mas que eu, seu amigo, seu correligionário e homem que o apoiava no Congresso, estava livre para combatê-lo aqui dentro [idem, ibidem].

As falas de Gustavo Capanema, até agora transcritas, foram pronunciadas no discurso em que, como líder da maioria, contraditava o requerimento de urgência para o projeto das Diretrizes e Bases da Educação, encaminhado por Prado Kelly, da UDN, na sessão de 2 de agosto de 1956.

Vê-se, portanto, como o aspecto político-partidário foi decisivo no posicionamento tomado pelos deputados diante do projeto. Assim, além de Prado Kelly, líder do bloco de oposição e autor do requerimento de urgência, que falou para encaminhar a votação, manifestaram-se também, interrompendo o discurso de Capanema com seguidos "não apoiado" e outras intervenções, Adauto Cardoso, Nestor Duarte, Ruy Santos, Aliomar Baleeiro, Herbert Levy e Coelho de Souza, todos da UDN.

Se PSD e UDN se posicionaram, respectivamente, e de modo claro, contra e a favor do regime de urgência, como se situou no episódio o Partido Trabalhista Brasileiro (PTB), partido que mediante coligação com o PSD integrava o governo?

Na condição de partido que integrava minoritariamente o bloco no poder, o PTB tendeu a utilizar a medida como instrumento de negociação, condicionando o seu apoio à aprovação de propostas de interesse direto do partido.

Dessa forma, Fernando Ferrari, então líder do PTB na Câmara Federal, ao se manifestar sobre o pedido de urgência, afirmou:

tive oportunidade de contraditar questão de ordem do honrado Líder do Bloco Parlamentar da Oposição, afirmando a S. Excia. que nada tinha a opor, pessoalmente, às suas urgências, mas que exigia, em primeiro lugar, respeito ao compromisso da Mesa em relação a requerimento por mim anteriormente apresentado [idem, p. 129].

Salienta, em seguida, que assumira espontaneamente compromisso perante Prado Kelly, embora considerasse que o "desejo sincero" de votar a favor do pedido de urgência deveria incidir sobre outra urgência que sintetizasse, inclusive, os interesses do partido "e não esta contra a qual tinha que se opor, inclusive, minha bancada, porque *discordava do mérito do projeto*" (idem, p. 130, grifos meus). E acrescentou haver sugerido ao líder da oposição que substituísse esse pedido por outro de autoria do udenista Rondon Pacheco, que guardava certa semelhança com a reforma agrária. E encaminha a conclusão nos seguintes termos:

> darei meu voto pessoal ao requerimento de urgência, permitindo que o problema seja considerado objeto de deliberação. Entretanto, quanto ao mérito do projeto, peço vênia para dele discordar frontalmente [idem, ibidem].

Em seguida mostra que o projeto "quebra todo o sistema da unidade de ensino nacional" e afirma que, se for aprovada a urgência, ocupará a tribuna para debater com a oposição suas teses, desejando que os deputados da UDN se empenhem realmente em fazer obra de mérito, abandonando "esses projetos até certo ponto arcaicos, brotados, por assim dizer, da noite para o dia, como cogumelos, sem nenhuma consistência técnica maior". E encerra:

> Se aprovada a urgência, examinaremos o mérito da proposição. Desde já, Sr. Presidente, dou meu voto pessoal de homenagem àquele líder, libertando totalmente meus liderados de se conduzirem em igual sentido [idem, ibidem].

Em síntese, o projeto da Lei de Diretrizes e Bases da Educação Nacional deu entrada no Congresso em 29 de outubro de 1948, tendo sido distribuído às comissões de Educação e Cultura (em que foi designado relator Eurico Salles) e de Finanças. Em 8 de dezembro foi remetido ao Senado para ser submetido à apreciação da Comissão Mista de Leis Complementares, em que foi indicado relator o deputado Gustavo Capanema. Em longo e erudito parecer emitido em 14 de julho de 1949, Capanema, após discorrer sobre o "sentido constitucional das diretrizes e bases da educação nacional", sobre os "sistemas de ensino locais", a "tendência centralizadora das federações", o "caráter nacional da educação" e a "dispersão da ordem pedagógica", conclui que o projeto deveria ser refundido ou emendado. À luz desse parecer, diversas emendas foram apresentadas na Comissão Mista de Leis Complementares.

Entretanto, a consequência do Parecer Capanema foi o arquivamento do projeto.

Em 17 de julho de 1951, a Câmara solicita o desarquivamento da Mensagem n. 605 e, como o Senado respondera que o processo fora extraviado, determina a reconstituição do processo.

Desarquivada a Mensagem, o processo tramita na Comissão de Educação e Cultura por cerca de cinco anos e meio. Somente na reunião de 14 de novembro de 1956 é apresentado o relatório da subcomissão encarregada de estudar o projeto das Diretrizes e Bases, cujo redator foi o deputado Lauro Cruz. E finalmente, na sessão do dia 29 de maio de 1957, inicia-se, no plenário da Câmara, a discussão do projeto que recebeu o n. 2.222/57.

Como vimos, desde sua entrada no Congresso, o projeto original das Diretrizes e Bases da Educação esbarrou na correlação de forças representada pelas diferentes posições partidárias que tinham lugar no Congresso Nacional.

Oriundo de uma comissão cujo relator geral, o professor Almeida Júnior, era filiado à UDN e encaminhado ao Congresso por um ministro, também da UDN, enfrenta as críticas do bloco majoritário no Parlamento. Assim é que o líder do PSD, com o apoio de sua bancada, que era majoritária, fulmina o projeto tachando-o de infeliz, inconstitucional e incorrigível, enquanto os deputados da UDN se empenham na defesa do mesmo, acusando Capanema de boicote à proposta.

2. Um Novo Projeto

O projeto cuja discussão se iniciara no plenário da Câmara no final de maio de 1957 já não era o mesmo que dera entrada naquela Casa em 29 de outubro de 1948. Na verdade, o projeto original, agora identificado pelo n. 2.222/57, chegava ao Plenário consideravelmente emendado. De fato, consistia, pois, numa nova versão decorrente das modificações previamente aprovadas pela Comissão de Educação e Cultura. Àquela altura, o primeiro projeto já havia perdido muito de sua organicidade e coerência iniciais. Comprova esta constatação o discurso de Coelho de Souza proferido na sessão de 4 de junho de 1957. Ele historia o problema, explicando por que o projeto ficou tanto tempo na Comissão de Educação e Cultura e mostra que o projeto, como estava, não poderia ser aprovado, devendo voltar à Comissão para ser reformulado. E denuncia as contradições a que a Comissão foi obrigada a cair por causa dos obstáculos políticos surgidos com o boicote do líder da maioria: Gustavo Capanema (*DCN*, 6-6-57, p. 3.617).

O projeto *supra* durou pouco em plenário. Já na sessão de 31 de maio de 1957, Abguar Bastos pede que o projeto volte à Comissão de Educação e Cultura e seja totalmente refeito. De fato, após receber cinco emendas, conforme registra o *Diário do Congresso Nacional*, de 7 de junho de 1957, a proposição retorna para exame da Comissão de Educação e Cultura. Reencaminhado ao plenário, o projeto entra em segunda discussão, quando recebe três novas emendas e por isso volta à Comissão de Educação e Cultura em 8 de novembro de 1958. Em 4 de dezembro de 1958, Coelho de Souza, presidente da Comissão de Educação e Cultura, solicita prazo de 24 horas para que a subcomissão relatora possa se pronunciar sobre as emendas e, em 9 de dezembro do mesmo ano, por falta de tempo e por não terem sido publicadas as emendas, pede a retirada do projeto da ordem do dia. Apesar da tentativa de Aurélio Vianna, na sessão de 10 de dezembro, de impedir a retirada do projeto da ordem do dia, o projeto é retirado, medida que o deputado padre Fonseca e Silva agradece e justifica.

Na verdade, como denunciara Aurélio Vianna na referida sessão de 10 de dezembro de 1958, a retirada do projeto da ordem do dia, embora contra o regimento da Câmara, deveu-se à apresentação à subcomissão relatora, através de um de seus membros, do substitutivo de Carlos Lacerda.

De fato, isso ocorreu na reunião de 26 de novembro de 1958 da Comissão de Educação e Cultura, quando Perilo Teixeira encaminhou à subcomissão relatora substitutivo ao projeto n. 2.222/57, que ficou conhecido como "Substitutivo Lacerda".

O referido substitutivo representou uma inteira mudança de rumos na trajetória do projeto. Seu conteúdo incorporava as conclusões do III Congresso Nacional dos Estabelecimentos Particulares de Ensino, ocorrido em janeiro de 1948. Consequentemente, os representantes dos interesses da escola particular tomavam a dianteira do processo.

Tudo indica que o interesse de Carlos Lacerda no projeto de lei de Diretrizes e Bases da Educação Nacional se deu, inicialmente, por motivação tipicamente partidária. Com efeito, os deputados da UDN, partido a que pertencia Carlos Lacerda, com frequência se manifestavam no plenário da Câmara reivindicando a agilização do andamento do projeto. E o faziam inequivocamente como membros da oposição, contra aquilo que consideravam medidas protelatórias tomadas pelos representantes da situação. É nesse contexto que Lacerda toma a iniciativa, em 1955, de reconstituir o projeto original. Assim, na sessão de 2 de maio de 1955, Carlos Lacerda apresenta questão de ordem pedindo esclarecimentos sobre como poderia incluir o projeto das Diretrizes e Bases na ordem do dia, recebendo a resposta de que isso só poderia acontecer depois de receber parecer da Comissão de Educação e Cultura onde, conforme esclarecimento de Afonso Arinos, o projeto estava sendo reelaborado devido a divergências surgidas (*DCN*, 3-5-1955, p. 3.138). E na sessão de 3 de junho de 1955 volta a levantar nova questão de ordem, desta vez para se instruir a respeito de como transformar a mensagem presidencial de 1948 em projeto de lei. Esclarecido a respeito, ele promete assumir a mensagem, assinando-a e apresentando-a à Mesa da Câmara (*DCN*, 4-6-55, p. 3.069).

Tais medidas eram tomadas, ao que parece, porque Lacerda via no projeto das Diretrizes e Bases da Educação um instrumento útil para, da oposição, fustigar as posições do bloco no poder. Como assinala Villalobos,

> mal poderia suspeitar então, o combativo deputado, que o projeto pelo qual se empenhava – não tivera ele como principais responsáveis homens de seu partido? – traduzia uma filosofia política e pedagógica inteiramente diversa daquela que, num futuro já não muito distante, iria tê-lo como o grande defensor na Câmara [VILLALOBOS, 1969, p. 69].

De fato, cerca de três anos e meio depois, Carlos Lacerda apresentava o seu substitutivo e se tornava o principal porta-voz, no Congresso, dos interesses das escolas particulares.

Na verdade, o Substitutivo Lacerda coroa um processo cujas origens remontam ao III Congresso Nacional dos Estabelecimentos Particulares de Ensino, realizado em janeiro de 1948. E, na tramitação do projeto, detecta-se, já em 1952, nas "sugestões da Associação Brasileira de Educação" encaminhadas à Comissão de Educação e Cultura, que se começava a ceder às pressões das escolas particulares (*DCN*, 12-5-55, p. 2.333).

Entretanto, é a partir do final de 1956 que os defensores da iniciativa privada em matéria de educação, à testa a Igreja católica, mostram-se decididos a fazer valer hegemonicamente os seus interesses no texto da futura Lei de Diretrizes e Bases da Educação Nacional. Marco desse movimento é o discurso do deputado padre Fonseca e Silva, na sessão de 5 de novembro de 1956, em que ele se insurge contra a orientação filosófica do INEP, que era dirigido por Anísio Teixeira, além de atacar também o I Congresso Estadual de Educação Primária, realizado de 16 a 23 de setembro de 1956 em Ribeirão Preto e presidido por Almeida Júnior (*DCN*, 6-11-56 e 7-11-56). Essas críticas são reiteradas pelo mesmo Fonseca e Silva nas sessões de 27 de novembro, 8 e 14 de dezembro de 1956, quando acusa Anísio Teixeira de comunista e aproxima o pragmatismo de Dewey do marxismo (*DCN*, 28-11-56, 8 e 15-12-56). Desencadeia-se, assim, o conflito entre escola pública e escola particular que irá polarizar a opinião pública do país até 1961.

A análise desse conflito não é objeto do presente trabalho, tendo sido já efetuada em outras oportunidades por outros autores (Villalobos, 1969 e Buffa, 1979).

Do ponto de vista do presente estudo, interessa registrar que a emergência do conflito acima referido deslocou o eixo das preocupações do âmbito político-partidário, mais próximo da esfera da "sociedade política", para o âmbito de uma luta ideológica que envolveu amplamente a "sociedade civil". Dir-se-ia que a partir desse momento entram em cena importantes "partidos ideológicos", tais como a Igreja, a imprensa, além de associações dos mais diferentes matizes.

A referida mudança de rumos, como era de esperar, manifestou-se fortemente no Congresso Nacional. Dessa forma, a correlação de forças passou a definir-se mais pelos partidos ideológicos do que pelos partidos políticos, como ocorrera até então. Assim é que, no Congresso, colocavam-se, de um lado, os parlamentares padre Fonseca e Silva, Ponciano dos Santos, Arruda Câmara, Calazans, acompanhados pelos deputados Carlos Lacerda, convertido ao catolicismo (Lacerda, 1978, p. 50), Medeiros Neto, Daniel Faraco, José Humberto, Ferro Costa, Menezes Cortes, Paulo de Tarso, Edilson Távora e Paulo Freire[1] (*DCN*, 3, 5, 18 e 20-6-59, 14-10-59, 26-2-60 e 12-5-60). De outro lado ficaram parlamentares tais como Luiz Vianna, Campos Vergal, Celso Brant, Fernando Santana, Nestor Jost, Clidenor Freitas, Nestor Duarte, Aurélio Vianna e Nogueira da Gama (*DCN*, 4, 6, 13, 19 e 25-6-59, 7-7-59, 20-10--59 e 10-2-60). Os primeiros colocavam-se incondicionalmente a favor do Substitutivo Lacerda, invocando argumentos baseados fundamentalmente no arrazoado ideológico que vinha sendo formulado e difundido pelos representantes da Igreja católica. Os segundos marcaram sua atuação muito mais pelas críticas ao Substitutivo Lacerda do que pela defesa de uma posição diversa. Este registro é importante porque põe em evidência o deslocamento do eixo das discussões, que passou a girar em torno do projeto apresentado por Carlos Lacerda. Dessa forma, ficava camuflado o fato de que o substitutivo que se lhe contrapunha, elaborado por

---

[1] O referido deputado Paulo Freire é apenas homônimo, não tendo qualquer relação com o educador Paulo Freire.

uma subcomissão de redação constituída pela Comissão de Educação e Cultura, já havia incorporado, mediante seguidas concessões, vários dos dispositivos defendidos na proposta de Lacerda. Na verdade, do projeto original o texto da subcomissão guardava apenas a estrutura formal, isto é, a disposição dos títulos; seu conteúdo já era outro.

Em razão do que se acaba de expor, vários daqueles que se posicionaram contra o Substitutivo Lacerda, fizeram-no implicitamente, já na linha da estratégia da conciliação, buscando uma posição intermediária que conciliasse e harmonizasse as diferenças. Entretanto, houve aqueles que explicitamente se manifestaram no plenário da Câmara nessa perspectiva da conciliação. Entre estes, situam-se, por exemplo, Yukishigue Tamura que, na sessão de 5 de junho de 1959, ao falar no encaminhamento da votação, depois de fazer várias teorizações, tenta uma conciliação em que a iniciativa pública e privada seriam ambas importantes, salientando a importância de preservar as tradições (*DCN*, 6-6-59, p. 2.709); igualmente Aderbal Jurema que, em discurso proferido na sessão extraordinária de 17 de junho de 1959, procura um denominador comum entre os vários substitutivos e volta a ocupar a tribuna no pequeno expediente da sessão de 8 de agosto de 1961 para se congratular com o Senado pela forma como aprovou o projeto, que recebeu mais de cem emendas e inclusive um substitutivo (o de Nogueira da Gama) que vieram aperfeiçoá-lo; na mesma direção manifesta-se também Dirceu Cardoso, enaltecendo o trabalho da comissão do Senado que concluiu o exame das emendas (*DCN*, 18-6-59, p. 14; 9-8-61, p. 5.498 e 17-11-61).

Cumpre, ainda, registrar que uma outra tendência, mais ou menos equidistante da polarização referida, também se esboçou na fase final da tramitação do projeto. Trata-se da tendência que considerava insuficientes todas as propostas até então formuladas porque não davam atenção à vinculação da educação ao desenvolvimento brasileiro. A raiz dessa posição era a ideologia do nacionalismo desenvolvimentista, que vinha se difundindo e, a partir de 1959, já prenunciava a hegemonia, embora efêmera, de que iria desfrutar junto ao aparelho governamental nos anos iniciais da década de 1960. O representante mais destacado dessa tendência foi, sem dúvida, Santiago Dantas, que propôs várias emendas também subscritas por outros deputados. Em discurso proferido na sessão de 4 de junho de 1959, o referido parlamentar salienta a necessidade de o projeto criar as condições para a construção de um sistema de ensino voltado para a realidade e as necessidades do desenvolvimento brasileiro e critica o projeto por ser apenas uma consolidação das leis do ensino. Afirma que a Lei de Diretrizes e Bases não pode ser uma moldura jurídica, mas deve fixar os objetivos, os meios e as condições de planejamento, através dos quais possa o poder público coordenar os esforços da nação no campo educativo. Acrescenta que o substitutivo,

> longe de conduzir o sistema da educação brasileira a uma visão de unidade e a um objeto de conjunto, ele, por assim dizer, agrava o fragmentarismo do nosso sistema de educação, procurando acentuar as facilidades para o crescimento espontâneo da educação no país, e retirando ao conjunto da atividade educacional brasileira a possibilidade de uma ação coordenadora do Poder Público Federal [DCN, 5-6-59, p. 2.664].

A posição *supra*, entretanto, não dispunha de forças suficientes para alterar os rumos que tomou a tramitação do projeto das Diretrizes e Bases da Educação Nacional. Sua importância reside no fato de que expressa uma alteração na composição de forças que começava a tomar corpo no final do governo de Juscelino Kubitschek. Nessa fase, a coligação PSD-PTB, sob a hegemonia do PSD, começa a apresentar sinais de crise. O crescimento eleitoral do PTB o conduz a aspirar a uma inversão de posições em que ele passaria a ser a força hegemônica da aliança, o que de fato ocorreu no governo de João Goulart (BENEVIDES, 1976). O PSD, por sua vez, aproximava-se cada vez mais da UDN, tendendo ao rompimento da aliança com o PTB que crescia à medida que se expandia o ideário do nacionalismo desenvolvimentista. Ambos, PSD e UDN, faziam causa comum contra as reformas de base que começavam a ser propostas pelos próceres do PTB, sob inspiração nacionalista desenvolvimentista.

Essa tendência foi detectada nas discussões sobre as Diretrizes e Bases da Educação na Câmara Federal. Villalobos, referindo-se à manifestação de Aurélio Vianna que, ao chamar a atenção para o procedimento antirregimental da Mesa, criticou os "poderosos líderes das grandes bancadas", formulou o seguinte comentário:

> Em fins de 1958, portanto, os grandes partidos já se entendiam no tocante às diretrizes e bases e desse entendimento resultaria, em janeiro de 1960, a aprovação de um projeto que não iria diferir essencialmente, entretanto, do segundo substitutivo adotado pela Comissão de Educação e Cultura [VILLALOBOS, 1969, p. 177, nota 30].

3. O Projeto Aprovado

Em 29 de setembro de 1959 a subcomissão relatora apresentou o substitutivo cuja redação final veio à luz em 10 de dezembro do mesmo ano. O texto era acompanhado de parecer e relatório e fora assinado por Aderbal Jurema, Carlos Lacerda, Dirceu Cardoso, Manuel de Almeida, Paulo Freire, Santiago Dantas[2] e pelo relator geral, deputado Lauro Cruz. Já a redação final, aprovada em 10 de dezembro, é assinada por Coelho de Souza, presidente da Comissão de Educação e Cultura, Lauro Cruz e Aderbal Jurema, encarregado da revisão geral.

É este texto que, mantendo a estrutura do projeto original, enxertou-lhe um conteúdo que contrariava a orientação de fundo que presidira a formulação do primeiro projeto.

Como já foi assinalado no item anterior, a fase de chegada à versão final correspondeu ao momento em que a discussão das questões educacionais extravasou do seu âmbito específico para empolgar a opinião pública em geral. Entram em cena, como já se disse, os "partidos ideológicos". A Igreja mobiliza todos os seus quadros na defesa de determinada posição que consultava os interesses privatistas. A imprensa mobiliza-se, posicionando-se alguns órgãos a favor da escola privada e outros a favor da escola pública. A revista *Vozes*, órgão da Igreja católica, perfilha obviamente a posição desta. Entre janeiro de 1957 e fevereiro de 1962 publica em torno de 84 matérias relacionadas com o problema

---

2   Como se vê, nem mesmo Santiago Dantas escapou às malhas da estratégia da conciliação.

das Diretrizes e Bases da Educação Nacional. A revista *Anhembi*, por sua vez, empalma a campanha em defesa da escola pública pondo em circulação, entre março de 1957 e setembro de 1961, cerca de trinta artigos. A mesma posição é assumida pelo jornal *O Estado de S. Paulo*, que na verdade se colocou à frente da campanha em defesa da escola pública com mais de sessenta matérias divulgadas sobre o assunto entre janeiro de 1957 e março de 1962. *O Correio Paulistano*, de São Paulo, e a *Tribuna da Imprensa*, do Rio de Janeiro, colocam-se ao lado da corrente privatista, ao passo que *A Tribuna* de Santos e também, de certo modo, a *Folha da Manhã* (*Folha de S. Paulo*), *Jornal do Brasil* e *Correio da Manhã*, embora não monoliticamente, engrossam a campanha da escola pública. Praticamente todos os jornais brasileiros publicaram no período alguma matéria sobre o assunto.

Os órgãos de imprensa acima referidos divulgaram manifestos, moções e sugestões cujo endereço era o Congresso Nacional. De fato, o *Diário do Congresso* registra a comunicação em sessões sucessivas da Câmara de diversos desses documentos.

Entretanto, a mobilização não se restringiu aos organismos até agora mencionados. Como já se assinalou, os mais diferentes agrupamentos da "sociedade civil" fizeram-se presentes na discussão das Diretrizes e Bases da Educação. Apenas como ilustração, mencionam-se a seguir algumas das manifestações registradas no *Diário do Congresso Nacional*:

- Ofício do secretário da Educação do Estado de São Paulo, encaminhando a título de sugestão o estudo feito pelo Conselho Técnico daquela Secretaria, referente ao projeto das Diretrizes e Bases (*DCN*, 19-11-57, p. 9.685).
- Emendas encaminhadas pela União Nacional dos Estudantes, pelas Escolas de Engenharia e pela USP (*DCN*, 11-12-58, p. 23).
- Aviso do Ministério da Guerra, em que os professores-militares e técnicos de ensino, ao concluir Seminário de Estudos na Academia de Agulhas Negras, enviam moção no sentido de que seja aprovada com brevidade a LDB (*DCN*, 31-3-59, p. 1.171).

- Manifesto do Grêmio da Faculdade de Filosofia da Universidade de São Paulo, sob o título "Fixação das Diretrizes e Bases da Educação Nacional" (*DCN*, 9-6-59, p. 2.738).
- Ofício da Associação dos Professores de Educação Física do Distrito Federal, apresentando considerações em torno do projeto de lei n. 2.222-A e seus substitutivos (*DCN*, 1-7-59, p. 3.683).
- Manifesto de 66 educadores, encabeçado por Fernando de Azevedo, sob o título: "Mais uma vez convocados" (*DCN*, 1-7-59, p. 3.691).
- Moção da Câmara Municipal de Itirapina (São Paulo) no sentido de ser discutido e votado o projeto de lei do ensino (*DCN*, 1-7-59, p. 3.684).
- Ofício da Câmara de Campinas (SP) pedindo para que seja discutido e votado o projeto de lei de reforma do ensino (*DCN*, 24-7-59, p. 4.444).
- Telegrama de Colatina (ES) em que se protesta contra a conferência do Inspetor Seccional de Vitória, que teria criticado a LDB de modo faccioso e indigno (*DCN*, 6-5-61, p. 3.003).
- Ofício do Sindicato dos Trabalhadores em Empresas Ferroviárias do Rio de Janeiro, em que consta a reforma do ensino como uma de suas aspirações (*DCN*, 28-9-61, p. 7).

Em meio a esse clima de pressões, a Câmara dos Deputados inicia a discussão do substitutivo final.

Retomemos a trajetória dos acontecimentos.

Retirado da ordem do dia em 10 de dezembro de 1958, para publicação, o projeto foi imediatamente publicado e já em 11 de dezembro de 1958 iniciava-se a discussão única do projeto n. 2.222, que se prolongaria por duas sessões consecutivas. Estiveram presentes os mais expressivos representantes dos diferentes partidos, que travaram animados debates.

Na referida sessão de 11 de dezembro de 1958, Carlos Lacerda endereçou ao substitutivo em discussão críticas contundentes e concluiu seu discurso depositando suas esperanças no Senado, que poderia reconstituí-lo, atribuindo-lhe o sentido fundamental de lei básica e dando consequência às próprias premissas em que ele alegava alicerçar-se: liberdade de ensino e descentralização [VILLALOBOS, 1969, p. 116].

No intervalo entre as duas sessões do dia 11 de dezembro de 1958 parece bem provável que Lacerda, avaliando melhor a correlação de forças do Senado, tenha resolvido retirar as esperanças de que aquela Casa pudesse reformular o projeto na direção por ele desejada. A verdade é que, logo no início da segunda sessão, Lacerda apressa-se em solicitar a retirada do projeto da ordem do dia por 48 horas. Tratava-se de um expediente acionado para ganhar tempo. Com efeito, como salientou Nestor Jost, pretendia-se na verdade protelar a discussão por mais alguns meses, uma vez que dentro das 48 horas requeridas ocorreria a última sessão ordinária daquela legislatura. Respondendo a uma avalanche de questões de ordem, o presidente da Câmara, Ranieri Mazzili, garantiu que o que se adiaria era apenas o início da votação, não podendo a proposição ser alterada. O requerimento chegou à Mesa contendo também as assinaturas de Nestor Duarte, Fernando Ferrari e Armando Falcão, que eram líderes de bloco. Observe-se, de passagem, como a estratégia da conciliação operava unindo os líderes dos principais partidos. E, em que pese o caráter antirregimental da medida, o requerimento foi aprovado e o projeto retirado da ordem do dia.

Não obstante os esclarecimentos do presidente da Mesa da Câmara, o projeto não foi votado ao término das 48 horas, tendo surgido, ao arrepio do regimento, um novo substitutivo. E o projeto só voltaria a ser discutido em maio-junho de 1959. A votação, propriamente dita, só iria ocorrer em janeiro de 1960, portanto, mais de um ano depois de concedido o adiamento por (apenas) 48 horas.

Nesse intervalo de tempo a Comissão de Educação e Cultura trabalhou na elaboração de um novo substitutivo cuja redação final se completou em 10 de dezembro de 1959. E este ficou sendo o texto que a Câmara aprovou na sessão realizada em 22 de janeiro de 1960, com a rejeição em votação destacada de apenas o parágrafo 3º do artigo 10, relativo à composição dos Conselhos Estaduais de Educação[3].

4. Significado Político do Texto Convertido em Lei

O projeto finalmente aprovado pela Câmara dos Deputados foi encaminhado ao Senado através do Ofício n. 293, de 25 de fevereiro de 1960.

No Senado o projeto recebeu 238 emendas, além do substitutivo de Nogueira da Gama. Apenas algumas emendas foram aprovadas. O Substitutivo Nogueira da Gama foi rejeitado em sessão realizada no dia 3 de agosto de 1961.

A Comissão de Educação e Cultura do Senado emitiu parecer sobre o projeto chegado da Câmara, cujo relator foi o senador Mem de Sá. Este considerou a propositura aprovada pela Câmara como caracterizada pela transigência das diferentes facções interessadas na questão. Por essa razão, representava o mesmo um denominador comum admitido por todos.

Essa tendência conciliadora, já detectada no texto aprovado pelos deputados, foi acentuada no Senado que, com as emendas introduzidas na lei, realizou a "média" de todas as correntes (idem, p. 169).

Em síntese, pode-se concluir que o texto convertido em lei representou uma "solução de compromisso" entre as principais correntes em disputa. Prevaleceu, portanto, a estratégia da conciliação.

Entretanto, é preciso registrar que essa estratégia foi acionada no quadro daquilo que poderíamos chamar de "democracia restrita".

Com efeito, desde a queda do Estado Novo até 1964, o país viveu um clima de "abertura democrática". Contudo, era uma experiência democrática da qual estavam ainda distantes as massas populares. Tratava-se, pois, de uma democracia restrita às elites.

A primeira estratégia acionada pelas elites após a derrubada do regime de Vargas foi aquilo que poderíamos chamar, na esteira de Debrun,

---

3 O parágrafo 3º do artigo 10, rejeitado, tinha o seguinte teor: "Na escolha dos representantes será observado o critério da proporcionalidade entre estabelecimentos públicos e privados, assegurada a representação de professores e de diretores de estabelecimentos dentro dos diferentes graus de ensino".

de "liberalismo" (DEBRUN, 1983, p. 16). De modo geral, principalmente os próceres da UDN empenharam-se na defesa das ideias liberais, procurando utilizá-las como instrumento para fustigar a corrente varguista.

É nesse quadro da estratégia do liberalismo que foi gestado pelos membros da comissão constituída por Clemente Mariani, à testa os militantes da UDN, o projeto original da Lei de Diretrizes e Bases da Educação Nacional.

Entretanto, nas condições próprias da "democracia restrita", o liberalismo revela-se uma estratégia ambígua, uma vez que seu ideário acena para uma democracia plena. Esta, no entanto, tende a ser vista pelas elites como uma ameaça. Por aí talvez se possa compreender por que os partidários da UDN, ao mesmo tempo que se apresentavam como paladinos das ideias liberais, defendendo eleições livres e limpas, prestavam-se também a toda sorte de manobras, visando aliciar as Forças Armadas para golpearem as instituições.

Michel Debrun, ao tratar das diferentes estratégias que tiveram (e têm) lugar na política brasileira, assim se manifestou:

> O liberalismo também teve sua vez. Só que se tratou quase sempre de um liberalismo ambíguo. Contestava o predomínio das estruturas arcaicas do campo sobre as aspirações modernizantes das cidades. Ou advogava a necessidade de eleições limpas, de instituições como o *habeas corpus* ou o mandado de segurança. Enaltecia as virtudes da livre competição, seja ela econômica ou política. No entanto menos cultivava a liberdade do que era o produto dela. Ou seja: produto de certas situações favoráveis, elas próprias ligadas às extremas desigualdades da sociedade brasileira. Situações essas que franqueavam aos seus ocupantes, além de oportunidades específicas de lazer e de cultura, o exercício de uma crítica – na imprensa, nas assembleias legislativas, nos tribunais – ao mesmo tempo impiedosa e inócua em relação à estrutura de autoridade vigente na sociedade brasileira. Mesmo porque a existência dos próprios liberais e, portanto, a condição de possibilidade da sua crítica assentavam nessa estrutura [idem, ibidem].

Na tramitação do projeto das Diretrizes e Bases, os liberais procederam mais ou menos na linha acima descrita. Assim, exercitaram a crítica (impiedosa e inócua) primeiramente no Parlamento e depois, amplamente, na imprensa. Entretanto, em virtude dos limites apontados da estratégia do liberalismo, acabou-se por acionar o pacto das elites (conciliação pelo alto) através do qual se torna possível preservar os interesses dos grupos privilegiados econômica, social e culturalmente, adiando-se para um futuro indefinido a realização das aspirações das massas populares.

Na campanha em defesa da escola pública, desencadeada na fase final da tramitação do projeto das Diretrizes e Bases da Educação, a hegemonia esteve nas mãos dos liberais, representados principalmente pelo grupo ligado ao jornal *O Estado de S. Paulo* e à Universidade de São Paulo. Ainda que a liderança principal tenha sido incontestavelmente do professor Florestan Fernandes, não eram suas ideias as hegemônicas, mas sim aquelas correspondentes à estratégia do liberalismo. Isso é reconhecido pelo próprio Florestan Fernandes e atestado por estas suas palavras:

> Limitamo-nos a defender ideias e princípios que deixaram de ser matéria de discussão política nos países adiantados. Tudo se passa como se o Brasil retrocedesse quase dois séculos, em relação à história contemporânea daqueles países, e como se fôssemos forçados a defender, com unhas e dentes, os valores da Revolução Francesa! É uma situação que seria cômica, não fossem as consequências graves que dela poderão advir. A nossa posição pessoal pesa-nos como incômoda. Apesar de socialista, somos forçados a fazer a apologia de medidas que nada têm a ver com o socialismo e que são, sob certos aspectos, retrógradas. Coisa análoga ocorre com outros companheiros, por diferentes motivos [FERNANDES in BARROS, 1960, p. 220].

Entretanto, enquanto no calor da campanha se disseminavam pela imprensa, no bom estilo da estratégia do liberalismo, as críticas ao mesmo tempo contundentes e inócuas dos liberais, no Congresso Nacional já marchava celeremente a estratégia da conciliação através do pacto entre as principais lideranças partidárias. Eis por que Villalobos, como um liberal consequente, concluiu seu estudo sobre o assunto afirmando

> que se não prevaleceu por fim a vontade geral, eticamente manifestada, como queria Rousseau, prevaleceu a vontade de todos. Resta saber se, para o caso brasileiro, a melhor solução para os problemas de ensino é a que procura atender à média das opiniões, ao invés de se definir por um programa estribado numa ideia clara e coerente a respeito do que deva ser a educação [VILLALOBOS, 1969, p. 169].

Esse caráter de "média das opiniões" ou a prevalência da estratégia da "conciliação" foi documentado pelas reações dos principais líderes do movimento, de ambos os lados. Assim, aprovada a lei, em depoimento concedido ao *Diário de Pernambuco*, Anísio Teixeira afirmou: "Meia vitória, mas vitória". Tal depoimento foi depois publicado na *Revista Brasileira de Estudos Pedagógicos* na forma de artigo cujo título foi formulado exatamente nesses termos: "Meia vitória, mas vitória" (TEIXEIRA, 1962, p. 222-223).

Por sua vez, Carlos Lacerda, que se colocara em posição diametralmente oposta à de Anísio Teixeira, interrogado a respeito do resultado obtido, respondeu: "Foi a lei a que pudemos chegar" (LACERDA in FONTOURA, 1968, p. 11).

Portanto, o texto aprovado não correspondeu plenamente às expectativas de nenhuma das partes envolvidas no processo. Foi, antes, uma solução de compromisso, uma resultante de concessões mútuas prevalecendo, portanto, a estratégia da conciliação. Daí por que não deixou de haver também aqueles que consideraram a lei então aprovada pelo Congresso Nacional como inócua, tão inócua como o eram as críticas estribadas na estratégia do "liberalismo". Ilustra essa posição a definição espirituosa enunciada por Álvaro Vieira Pinto: "É uma lei com a qual ou sem a qual tudo continua tal e qual" (apud FONTOURA, 1968, p. 16).

Apêndice

1. Introdução

Para que o leitor possa visualizar mais claramente a resultante da estratégia da conciliação traduzida no texto da Lei n. 4.024/61, propomos uma comparação entre o projeto de 1947-1948, o Substitutivo Lacerda, de 1958-1959 e a Lei n. 4.024/61. Confrontando-se os principais títulos nas três versões é possível perceber como a lei aprovada configurou uma solução intermediária entre os extremos representados pelo projeto original e pelo Substitutivo Lacerda.

Assim, o título que trata "Do direito à educação" estabelece, no projeto original, a responsabilidade do poder público de instituir escolas de todos os graus, garantindo a gratuidade imediata do ensino primário e estendendo-a progressivamente aos graus ulteriores e mesmo às escolas privadas. Já o Substitutivo Lacerda define que a educação é direito da família, não passando a escola de prolongamento da própria instituição familiar. Ao Estado cabe oferecer recursos para que a família possa se desobrigar do encargo da educação. O texto da Lei n. 4.024/61 conciliou os dois projetos garantindo à família o direito de escolha sobre o tipo de educação que deve dar a seus filhos e estabelecendo que o ensino é obrigação do poder público e livre à iniciativa privada.

O título referente aos "fins da educação", como se pode observar nas três versões, mantém um conteúdo basicamente equivalente. Entretanto, a redação que prevaleceu no texto da lei combina no *caput* do artigo primeiro a formulação do projeto original com a formulação do Substitutivo Lacerda que foi incorporada nas alíneas do mesmo artigo.

O título "Da liberdade do ensino" não constava do projeto original. Foi introduzido pelo Substitutivo Lacerda e mantido, embora com redação alterada, no texto da lei. Em contrapartida, o título "Dos sistemas de ensino", que constava do projeto original, fora eliminado no Substitutivo Lacerda mas mantido no texto da lei. Tal fenômeno também traduz a intervenção da estratégia da "conciliação", uma vez que o título da liberdade de ensino era uma reivindicação da iniciativa privada, ao passo que o título referente aos sistemas de ensino implicava a precedência da iniciativa do poder público.

O título "Da administração da educação" do projeto original estabelecia inequivocamente que a educação é matéria de competência do Estado, ao qual caberia garantir, nos termos da lei, o direito à educação. O título equivalente foi denominado, no Substitutivo Lacerda, "Competência do Estado em relação ao ensino" e estabelecia que compete ao Estado "dar, quando solicitada, assistência técnica e material às escolas", cabendo-lhe "fundar e manter escolas oficiais" apenas em "caráter supletivo nos estritos limites das deficiências locais". O texto da Lei n. 4.024/61 mantém o título "Da administração do ensino", mas se limita a afirmar que "o Ministério da Educação e Cultura exercerá as atribuições do Poder Público Federal em matéria de educação", cabendo-lhe "velar pela observância das leis do ensino e pelo cumprimento das decisões do Conselho Federal de Educação". Os demais artigos desse título cuidam de regular a constituição e atribuições do CFE prevendo, o último artigo, a criação dos Conselhos Estaduais de Educação.

Finalmente, o título "Dos recursos para educação" regula no projeto original a aplicação de recursos para o desenvolvimento do sistema público de ensino, enquanto o Substitutivo Lacerda estabelece que além dos recursos destinados ao ensino oficial, "o Fundo Nacional do Ensino Primário, o do Ensino Médio e o do Ensino Superior proporcionarão recursos, previamente fixados, para a cooperação financeira da União com o ensino de iniciativa privada em seus diferentes graus"; em seguida, institui a cooperação financeira tanto da União como dos estados e municípios que passariam a financiar, com recursos públicos, a iniciativa privada em matéria de ensino. O texto da Lei n. 4.024/61, numa clara posição conciliatória, estabelece que os recursos públicos "serão aplicados preferencialmente na manutenção e desenvolvimento do sistema público de ensino". E em seguida regula a concessão de bolsas bem como a cooperação financeira da União com estados, municípios e iniciativa privada sob a forma de subvenção, assistência técnica e financeira "para compra, construção ou reforma de prédios escolares e respectivas instalações e equipamento".

Realmente, Carlos Lacerda tinha razão ao afirmar, após a aprovação da lei: "foi a lei a que pudemos chegar". Mas também estava coberto de razão Anísio Teixeira ao afirmar, na mesma ocasião: "meia vitória, mas vitória".

A seguir, transcreve-se o teor completo dos títulos mencionados a fim de que o leitor possa, por si mesmo, mediante confrontação das três versões, conferir o sentido conciliatório presente no texto que se converteu na Lei n. 4.024/61.

A) Principais títulos do Projeto de Lei sobre as DIRETRIZES E BASES DA EDUCAÇÃO NACIONAL elaborado em 1947 e 1948 por uma comissão de especialistas e por iniciativa do então ministro da Educação, Dr. Clemente Mariani.

TÍTULO I
Do Direito à Educação

Art. 1º - A educação é direito de todos, e será dada no lar e na escola.

Parágrafo único - O direito à educação será assegurado:

I - pela obrigação, imposta aos pais ou responsáveis, de proporcioná-la, por todos os meios ao seu alcance, às crianças e jovens sob sua responsabilidade;

II - pela instituição de escolas de todos os graus, por parte do poder público ou iniciativa particular;

III - pela variedade dos cursos e flexibilidade dos currículos;

IV - pela gratuidade escolar, desde já estabelecida para o ensino primário oficial, e extensível aos graus ulteriores e às escolas privadas, mediante:

a) redução progressiva até a final extinção das taxas e emolumentos das escolas oficiais;
b) outorga de vantagens aos estabelecimentos que admitam alunos gratuitos ou de contribuição reduzida;
c) assistência aos alunos que dela necessitarem, sob forma de fornecimento gratuito, ou a preço reduzido, de material escolar, vestuário, alimentação e serviços médicos e dentários;
d) concessão de bolsas para estimular estudos especializados de interesse geral, ou assegurar a continuação dos estudos a pessoas de capacidade superior, em instituições públicas ou particulares;

V - pela gratuidade do ensino oficial ulterior ao primário, para quantos, revelando-se aptos, provarem falta ou insuficiência de recursos.

TÍTULO II
Dos Fins da Educação

Art. 2º - A educação nacional inspira-se nos princípios de liberdade e nos ideais de solidariedade humana.

I - no sentido da liberdade, favorecerá as condições de plena realização da personalidade humana, dentro de um clima democrático, de modo a assegurar o integral desenvolvimento do indivíduo e seu ajustamento social;

II - no sentido da solidariedade humana, incentivará a coesão da família e a formação de vínculos culturais e afetivos, fortalecerá a consciência da continuidade histórica da nação e o amor à paz, e coibirá o tratamento desigual por motivo de convicção religiosa, filosófica ou política, bem como os preconceitos de classe e de raça.

TÍTULO III
Da Administração da Educação

Art. 3º - Compete ao poder público federal e aos poderes locais assegurar o direito à educação, nos termos desta lei, promovendo, estimulando e auxiliando o desenvolvimento do ensino e da cultura.

Art. 4º - As atribuições da União, em matéria de educação e cultura, serão exercidas pelo Ministério da Educação, ressalvados os estabelecimentos de ensino militar.

Art. 5º - Ao Ministério da Educação, como responsável pela administração federal do ensino, incumbe velar pela observância desta lei e promover a realização dos seus objetivos, coadjuvado pelo Conselho Nacional de Educação e pelos departamentos e serviços instituídos para esse fim.

Art. 6º - Cabe ao Conselho Nacional de Educação:

a) assistir o Ministro da Educação no estudo dos assuntos relacionados com as leis federais do ensino e bem assim no dos meios que assegurem a sua perfeita aplicação;
b) emitir parecer sobre as consultas que os poderes públicos lhe endereçarem, por intermédio do Ministro da Educação;
c) opinar sobre a concessão de auxílios e subvenções federais aos estabelecimentos de ensino e outras instituições culturais;
d) sugerir aos poderes públicos, por intermédio do Ministro da Educação, medidas convenientes à solução dos problemas educacionais;
e) baixar instruções sobre a execução de programas de ensino a que se refere o art. 27, nº VII;
f) elaborar o seu regimento interno e exercer as demais atribuições que a lei lhe conferir.

Parágrafo único - As decisões do Conselho Nacional de Educação dependem de homologação do Ministro da Educação para que produzam efeito legal.

Art. 7º - O Conselho Nacional de Educação, cujo presidente nato será o Ministro da Educação, terá quinze membros, nomeados pelo Presidente da República, por seis anos, dentre pessoas de notório saber e experiência em matéria de educação, dos quais três serão especializados em ensino primário, três em ensino de grau médio e três em ensino superior.

Parágrafo único - De dois em dois anos cessará o mandato de um terço dos membros do Conselho, permitida a recondução por uma só vez. Em caso de vaga, o substituto terminará o prazo do substituído.

TÍTULO IV
Dos Sistemas de Ensino

Art. 8º - A União, os Estados e o Distrito Federal organizarão os seus sistemas de ensino, com observância da presente lei.

Art. 9º - A União organizará e manterá os sistemas de ensino dos Territórios, e bem assim o da ação federal supletiva, que se estenderá a todo o país, nos estritos limites das deficiências locais.

Art. 10 - O sistema federal e os sistemas locais poderão abranger todos os graus de ensino e todos os tipos de instituições educativas, devendo, porém, os últimos dar preferência ao desenvolvimento do ensino primário e médio.

Art. 11 - É da competência dos Estados e do Distrito Federal estabelecer, em seus territórios, as condições de reconhecimento das escolas primárias, e, acima dos padrões mínimos fixados pelo C.N.E., as do ensino médio, assim como orientá-las e inspecioná-las, salvo se se tratar de estabelecimentos mantidos pela União.

§ 1º - O reconhecimento das escolas de grau médio pelos governos dos Estados e do Distrito Federal será comunicado ao Ministério da Educação, e nele registrado, para o efeito da validade dos certificados e dos diplomas que expedirem.

§ 2º - Os serviços educacionais dos Estados e do Distrito Federal promoverão a classificação das escolas particulares incorporadas ao seu sistema, sobre a base de satisfação dos requisitos exigidos para o seu funcionamento, fazendo-a publicar para reconhecimento dos pais e responsáveis.

Art. 12 - São condições mínimas para o reconhecimento:

a) idoneidade moral e profissional do diretor e do corpo docente;
b) existência de instalações satisfatórias;
c) plano de escrituração escolar e de arquivo, que assegure a verificação da identidade de cada aluno e da regularidade de sua vida escolar;
d) garantias de remuneração condigna aos professores, e de estabilidade enquanto bem servirem;
e) observância dos demais preceitos desta lei.

Art. 13 - O Conselho Nacional de Educação poderá negar ou, a qualquer tempo, cassar, por inobservância dos preceitos desta lei, o registro de reconhecimento concedido pelo Estado ou Distrito Federal a escolas médias, ficando sem nenhum valor os certificados e diplomas que desde então emitirem.

TÍTULO X
Dos Recursos para Educação

Art. 54 - Anualmente, a União aplicará nunca menos de 10%, e os Estados, o Distrito Federal e os Municípios nunca menos de 20% da renda resultante dos impostos, na manutenção e desenvolvimento do ensino.

Art. 55 - O Fundo Nacional de Ensino Primário, formado pela parte da receita federal destinada especialmente a esse fim, por outras dotações que lhe sejam atribuídas e pelo saldo verificado ao fim de cada exercício nas dotações orçamentárias para fins educativos, será aplicado no desenvolvimento dos sistemas federais de ensino primário e em auxílio ao ensino primário regular e supletivo, dos sistemas locais, inclusive o dos Territórios.

§ 1º - Os recursos do Fundo Nacional de Ensino Primário serão distribuídos entre as unidades da Federação, na proporção das suas necessidades, atendendo-se diretamente à população do Estado e inversamente à sua renda *per capita*.

§ 2º - A concessão de auxílio, pela União, para desenvolvimento dos sistemas locais dependerá de parecer do Conselho Nacional de Educação verificada, em cada caso, a observância dos dispositivos desta lei por parte da respectiva administração.

Art. 56 - A União poderá estabelecer com os Estados e o Distrito Federal convênios destinados a facilitar ou orientar a aplicação das verbas de educação, e a tornar mais eficientes os sistemas escolares locais, bem como auxiliar ou participar de fundações nacionais, ou locais, que tenham por fim a manutenção de escolas ou cursos de ensino médio, ou a distribuição de bolsas de estudo.

B) Principais títulos do substitutivo ao projeto de DIRETRIZES E BASES DA EDUCAÇÃO NACIONAL apresentado à Câmara dos Deputados pelo deputado Carlos Lacerda a 15 de janeiro de 1959.

TÍTULO I
Fins da Educação

Art. 1º - A educação é a formação integral da personalidade segundo uma concepção da vida que, respeitando os direitos fundamentais e a liberdade do homem, sempre orientada para o bem comum, promova o progresso da pátria e da humanidade.

Art. 2º - As diretrizes da educação visam assegurar:

a) a compreensão dos direitos e deveres da criatura humana, da família, do cidadão e dos grupos sociais que integram a comunidade;

b) as liberdades fundamentais do homem;

c) a unidade nacional e a solidariedade internacional;

d) o respeito à dignidade da pessoa;

e) idênticas oportunidades educacionais para atender aos mais capazes, aos menos favorecidos economicamente, às diferenças individuais reconhecidas pela psicologia, ao direito à multiplicidade das experiências pedagógicas e didáticas, tendentes à maior eficiência do processo educativo.

TÍTULO II
O Direito de Educar

Art. 3º - A educação da prole é direito inalienável e imprescritível da família.

Art. 4º - A escola é, fundamentalmente, prolongamento e delegação da família.

Art. 5º - Para que a família, por si ou por seus mandatários, possa desobrigar-se do encargo de educar a prole, compete ao Estado oferecer-lhe os suprimentos de recursos técnicos e financeiros indispensáveis, seja estimulando a iniciativa particular, seja proporcionando ensino oficial gratuito ou de contribuição reduzida.

TÍTULO III
A Liberdade de Ensino

Art. 6º - É assegurado o direito paterno de promover com prioridade absoluta a educação dos filhos; e o dos particulares, de comunicarem a outros os seus conhecimentos, vedado ao Estado exercer ou, de qualquer modo, favorecer o monopólio do ensino.

Art. 7º - O Estado outorgará igualdade de condições às escolas oficiais e às particulares:

a) pela representação adequada das instituições educacionais nos órgãos de direção do ensino;

b) pela distribuição das verbas consignadas para a educação entre as escolas oficiais e as particulares proporcionalmente ao número de alunos atendidos;

c) pelo reconhecimento, para todos os fins, dos estudos realizados nos estabelecimentos particulares.

Art. 8º - Excetuam-se das disposições dos arts. 6º e 7º a fundação e a manutenção pelo Estado, de Escolas Militares.

Art. 9º - Ao Estado compete, ainda, fixar as normas gerais para a educação cívica, cabendo aos estabelecimentos de ensino especificá-las e orientar-lhes a execução.

TÍTULO IV
Competência do Estado em relação ao Ensino

Art. 10 - Competem ao Estado as seguintes funções:

a) dar, quando solicitada, assistência técnica e material às escolas, a fim de lhes assegurar, em benefício da comunidade, o mais extenso e intenso rendimento de trabalho;

b) verificar se a escola preenche as finalidades a que se propõe;

c) fundar e manter escolas oficiais em caráter supletivo nos estritos limites das deficiências locais, onde e quando necessário ao pleno atendimento da população em idade escolar.

Art. 11 - Na verificação das condições mínimas para o funcionamento dos estabelecimentos de ensino, o Estado estipulará normas que atendam às seguintes condições fundamentais:

a) quanto à idoneidade:

I - constitua a escola empreendimento no qual, acima de quaisquer finalidades, prevaleça o propósito de educar;

II - mantenha na efetiva direção pessoa cuja integridade moral e capacidade profissional sejam incontestáveis e comprovadas;

III - filie-se o estabelecimento escolar à associação autônoma de escolas cujo fim precípuo seja o aprimoramento da consciência profissional dos educadores;

b) quanto às condições materiais:

I - preencha a escola um mínimo de condições de higiene e conforto, variável segundo as possibilidades e necessidades relativas da região;

II - sejam tais condições verificadas e revistas de três em três anos, pelo menos, por delegados escolhidos pelo Conselho Regional de Educação.

Art. 12 - Compete à União estabelecer as diretrizes gerais da educação nacional.

Art. 13 - Compete aos Estados e ao Distrito Federal a organização dos sistemas locais e da rede escolar, no que diz respeito ao ensino oficial, sendo essa competência atribuída à União nos Territórios Federais e, com caráter supletivo, onde e enquanto não possam os Estados se desincumbir plenamente dessa função.

TÍTULO XIV
Recursos da Educação

CAPÍTULO I
Os Fundos e as Bolsas

Art. 70 - Além dos recursos orçamentários destinados a manter e expandir o ensino oficial, o Fundo Nacional do Ensino Primário, o do Ensino Médio e o do Ensino Superior proporcionarão recursos, previamente fixados, para a cooperação financeira da União com o ensino de iniciativa privada em seus diferentes graus.

Art. 71 - A cooperação financeira da União, dos Estados e dos Municípios se fará:

a) sob a forma de financiamento de estudos através de bolsas, concedidas a alunos, na forma da presente lei;

b) mediante empréstimos para construção, reforma e extensão de prédios escolares e respectivas instalações e equipamentos.

Art. 72 - A bolsa de estudos se define como auxílio financeiro, total ou parcial, com finalidade educativa, concedida a educandos que demonstrem aptidão e capacidade para os estudos a que se propõem.

Parágrafo único - A bolsa custeará no todo ou em parte esses estudos conforme possa o candidato custear ou não uma parte deles.

Art. 73 - Caberá aos Conselhos Regionais de Educação conceder, sem caráter competitivo, bolsas de estudo aos alunos de curso primário que, por falta de vagas, não puderem ser atendidos nos estabelecimentos oficiais.

Art. 74 - Além das do Poder Público, constituirão serviço meritório as que forem instituídas por pessoa ou entidade benemerente. A distribuição destas bolsas será feita a critério dos seus instituidores.

Art. 75 - As bolsas custeadas com recursos orçamentários serão concedidas diretamente pelos Conselhos Regionais de Educação; estes poderão, porém, delegar funções, em cada localidade, a uma Comissão Educacional de sua criação e responsabilidade, constituída de pelo menos 5 membros designados entre pessoas de reconhecida integridade moral e domiciliadas na localidade em que as bolsas forem aplicadas.

Art. 76 - A malversação ou aplicação de fundos destinados a bolsistas, segundo critérios diferentes dos fixados na presente lei, constitui falta grave e importa em censura pública, pelo Conselho Regional de Educação, sem prejuízo de sanções previstas na lei penal.

Art. 77 - O valor de cada bolsa não ultrapassará, em caso algum, a importância correspondente ao custo *per capita* do ensino oficial, na mesma região, no mesmo ano letivo.

Art. 78 - Será levada em conta, no custo de cada bolsa, a necessidade de equiparar o salário do professor particular ao do magistério público na mesma região.

Art. 79 - Ao Conselho Regional de Educação e às Comissões locais que dele receberem os poderes previstos neste capítulo, compete:

a) estabelecer as condições de outorga e renovação anual de cada bolsa de estudos, pela observância dos critérios de justiça social e oportunidade individual, levando em conta a falta de vagas nas escolas oficiais, a carência de recursos da família, a aptidão e interesse demonstrado pelo candidato, o bom aproveitamento escolar demonstrado pelo bolsista;

b) garantir a plena liberdade do bolsista ou sua família no uso e emprego que fizerem da bolsa quanto ao gênero de educação, tipo de estudos ou instituição escolar que escolherem;

c) julgar dos casos em que a ajuda financeira de fim educacional, concedida pelo poder público, possa ou deva ser completada com recursos da economia familiar.

Art. 80 - O auxílio que possa vir a ser concedido sob a forma de material escolar, vestuário, transporte, assistência médica ou dentária, deverá ser objeto de legislação especial que estabelecerá critérios próprios para a realização destas outras finalidades assistenciais.

CAPÍTULO II
Financiamentos e Empréstimos

Art. 81 - O Ministério da Educação e o Conselho Nacional de Educação estabelecerão, periodicamente, instituições de crédito, acordos e planos de Financiamentos Escolares.

Art. 82 - Entende-se por Financiamento Escolar aquele destinado a proporcionar recursos para construção de prédios, ajustamento de aluguéis, expansão de instalações, compra de equipamento, reforma etc. a estabelecimentos não oficiais.

Art. 83 - Os planos de Financiamento Escolar estabelecerão os critérios para julgamento do interesse social, conveniência educativa e idoneidade moral, pedagógica e financeira das instituições responsáveis pelos projetos submetidos à consideração do Conselho e do Ministério.

Art. 84 - Os Planos só serão válidos com a aprovação da maioria dos membros do Conselho Nacional de Educação.

C) Principais títulos da LEI DE DIRETRIZES E BASES DA EDUCAÇÃO NACIONAL (Lei n. 4.024/61, de 20 de dezembro de 1961).

Fixa as Diretrizes e Bases da Educação Nacional

O Presidente da República:
Faço saber que o Congresso Nacional decreta e eu sanciono a seguinte Lei:

TÍTULO I
Dos Fins da Educação

Art. 1º - A educação nacional, inspirada nos princípios de liberdade e nos ideais de solidariedade humana, tem por fim:

a) a compreensão dos direitos e deveres da pessoa humana, do cidadão, do Estado, da família e dos demais grupos que compõem a comunidade;
b) o respeito à dignidade e às liberdades fundamentais do homem;
c) o fortalecimento da unidade nacional e da solidariedade internacional;
d) o desenvolvimento integral da personalidade humana e a sua participação na obra do bem comum;
e) o preparo do indivíduo e da sociedade para o domínio dos recursos científicos e tecnológicos que lhes permitam utilizar as possibilidades e vencer as dificuldades do meio;
f) a preservação e expansão do patrimônio cultural;
g) a condenação a qualquer tratamento desigual por motivo de convicção filosófica, política ou religiosa, bem como a quaisquer preconceitos de classe ou de raça.

TÍTULO II
Do Direito à Educação

Art. 2º - A educação é direito de todos e será dada no lar e na escola.

Parágrafo único - À família cabe escolher o gênero de educação que deve dar a seus filhos.

Art. 3º - O direito à educação é assegurado:

I - Pela obrigação do poder público e pela liberdade da iniciativa particular de ministrarem o ensino em todos os graus, na forma da lei em vigor;

II - Pela obrigação do Estado de fornecer recursos indispensáveis para que a família e, na falta desta, os demais membros da sociedade se desobriguem dos encargos da educação, quando provada a insuficiência de meios, de modo que sejam asseguradas iguais oportunidades a todos.

TÍTULO III
Da Liberdade do Ensino

Art. 4º - É assegurado a todos, na forma da lei, o direito de transmitir seus conhecimentos.

Art. 5º - São assegurados aos estabelecimentos de ensino público e particulares legalmente autorizados, adequada representação nos conselhos estaduais de educação, e o reconhecimento, para todos os fins, dos estudos neles realizados.

TÍTULO IV
Da Administração do Ensino

Art. 6º - O Ministério da Educação e Cultura exercerá as atribuições do Poder Público Federal em matéria de educação.

Parágrafo único - O ensino militar será regulado por lei especial.

Art. 7º - Ao Ministério da Educação e Cultura incumbe velar pela observância das leis do ensino e pelo cumprimento das decisões do Conselho Federal de Educação.

Art. 8º - O Conselho Federal de Educação será constituído por vinte e quatro membros nomeados pelo Presidente da República, por seis anos, dentre pessoas de notável saber e experiência, em matéria de educação.

§ 1º - Na escolha dos membros do Conselho, o Presidente da República levará em consideração a necessidade de nele serem devidamente representadas as diversas regiões do País, os diversos graus do ensino e o magistério oficial e particular.

§ 2º - De dois em dois anos, cessará o mandato de um terço dos membros do Conselho, permitida a recondução por uma só vez. Ao ser constituído o Conselho, um terço de seus membros terá mandato, apenas, de dois anos, e um terço de quatro anos.

§ 3º - Em caso de vaga, a nomeação do substituto será para completar o prazo de mandato do substituído.

§ 4º - O Conselho Federal de Educação será dividido em câmaras para deliberar sobre assuntos pertinentes ao ensino primário, médio e superior, e se reunirá em sessão plena para decidir sobre matéria de caráter geral.

§ 5º - As funções de conselheiro são consideradas de relevante interesse nacional, e o seu exercício tem prioridade sobre o de quaisquer cargos públicos de que sejam titulares os conselheiros. Estes terão direito a transporte, quando convocados, e às diárias ou jetom de presença a serem fixados pelo Ministro da Educação e Cultura, durante o período das reuniões.

Art. 9º - Ao Conselho Federal de Educação, além de outras atribuições conferidas por lei, compete:

a) decidir sobre o funcionamento dos estabelecimentos isolados de ensino superior, federais e particulares;

b) decidir sobre o reconhecimento das universidades, mediante a aprovação dos seus estatutos e dos estabelecimentos isolados de ensino superior, depois de um prazo de funcionamento regular de, no mínimo, dois anos;

c) pronunciar-se sobre os relatórios anuais dos institutos referidos nas alíneas anteriores;

d) opinar sobre a incorporação de escolas ao sistema federal de ensino, após verificação da existência de recursos orçamentários;

e) indicar disciplinas obrigatórias para os sistemas de ensino médio (artigo 35, § 1º) e estabelecer a duração e o currículo mínimo dos cursos de ensino superior, conforme o disposto no art. 70;

f) Vetado*.

g) promover sindicâncias, por meio de comissões especiais, em quaisquer estabelecimentos de ensino, sempre que julgar conveniente, tendo em vista o fiel cumprimento desta lei;

h) elaborar seu regimento a ser aprovado pelo Presidente da República;

i) conhecer dos recursos interpostos pelos candidatos ao magistério federal e decidir sobre eles;

j) sugerir medidas para organização e funcionamento do sistema federal de ensino;

---

* Razão do Veto - *Letra "f" - Artigo 9º* - elaborar anualmente o plano de aplicação dos recursos federais destinados à educação (artigo 93) e os quantitativos globais das bolsas de estudo e dos financiamentos para os diversos graus de ensino, a serem atribuídos a cada unidade da Federação (artigo 94, § 2º).
O projeto refere-se à elaboração de planos de aplicação de recursos orçamentários, o que importa em tarefa administrativa altamente complexa, só executável pelos órgãos específicos de cada setor de atividade do Ministério, sob a coordenação do ministro de Estado.
Essa tarefa exige trabalhos preparatórios de tal vulto que, para ser exercida com independência pelo Conselho Federal de Educação, obrigaria a uma duplicação dos órgãos técnicos do Ministério. Ora, o § 2º do artigo 92 já incumbia o C.F.E. de elaborar o Plano de Educação referente a cada um dos três Fundos, atribuição que permitirá àquele órgão fixar as normas e os critérios disciplinadores dos planos de aplicação sem entrar em pormenores desnecessários. Cabe ainda assinalar que o veto virá assegurar aos programas de ação do Ministério a conveniente flexibilidade para que possam sofrer modificações decorrentes de problemas surgidos na execução.

l) promover e divulgar estudos sobre o sistema federal de ensino;
m) adotar ou propor modificações e medidas que visem à expansão e ao aperfeiçoamento do ensino;
n) estimular a assistência social escolar;
o) emitir pareceres sobre assuntos e questões de natureza pedagógica e educativa que lhes sejam submetidos pelo Presidente da República ou pelo Ministro da Educação e Cultura;
p) manter intercâmbio com os Conselhos Estaduais de Educação;
q) analisar anualmente as estatísticas do ensino e os dados complementares;

§ 1º - Dependem de homologação do Ministro da Educação e Cultura os atos compreendidos nas letras a, b, d, e, f, h e i.

§ 2º - A autorização e a fiscalização dos estabelecimentos estaduais isolados de ensino superior caberão aos conselhos estaduais de educação na forma da lei estadual respectiva.

Art. 10 - Os Conselhos Estaduais de Educação organizados pelas leis estaduais, que se constituírem com membros nomeados pela autoridade competente, incluindo representantes dos diversos graus de ensino e do magistério oficial e particular, de notório saber e experiência, em matéria de educação, exercerão as atribuições que esta lei lhes consigna.

TÍTULO V
Dos Sistemas de Ensino

Art. 11 - A União, os Estados e o Distrito Federal organizarão os seus sistemas de ensino, com observância da presente lei.

Art. 12 - Os sistemas de ensino atenderão à variedade dos cursos, à flexibilidade dos currículos e à articulação dos diversos graus e ramos.

Art. 13 - A União organizará o ensino público dos territórios e estenderá a ação federal supletiva a todo o país, nos estritos limites das deficiências locais.

Art. 14 - É da competência da União reconhecer e inspecionar os estabelecimentos particulares de ensino superior.

Art. 15 - Aos Estados que, durante cinco anos, mantiverem universidade própria com funcionamento regular, serão conferidas as atribuições a que se refere a letra b do art. 9º, tanto quanto aos estabelecimentos por eles mantidos, como quanto aos que posteriormente sejam criados.

Art. 16 - É da competência dos Estados e do Distrito Federal autorizar o funcionamento dos estabelecimentos de ensino primário e médio não pertencentes à União, bem como reconhecê-los e inspecioná-los.

§ 1º - São condições para o reconhecimento:

a) idoneidade moral e profissional do diretor e do corpo docente;

b) instalações satisfatórias;
c) escrituração escolar e arquivo que assegurem a verificação da idoneidade de cada aluno, e da regularidade e autenticidade de sua vida escolar;
d) garantia de remuneração condigna aos professores;
e) observância dos demais preceitos desta lei.

§ 2º - Vetado*.

§ 3º - As normas para observância deste artigo e parágrafos serão fixadas pelo Conselho Estadual de Educação.

Art. 17 - A instituição e o reconhecimento de escolas de grau médio pelos Estados, pelo Distrito Federal e pelos Territórios, serão comunicados ao Ministério da Educação e Cultura para fins de registro e validade dos certificados ou diplomas que expedirem.

Art. 18 - Nos estabelecimentos oficiais de ensino médio e superior, será recusada a matrícula ao aluno reprovado mais de uma vez em qualquer série ou conjunto de disciplinas.

Art. 19 - Não haverá distinção de direitos, ... vetado... entre os estudos realizados em estabelecimentos oficiais e os realizados em estabelecimentos particulares reconhecidos**.

---

* Razão do veto - *O § 2º do artigo 16*:
"A inspeção dos estabelecimentos particulares se limitará a assegurar o cumprimento das exigências legais".

Entretanto, o artigo 65 exige:

"O inspetor de ensino, escolhido por concurso público de títulos e provas ou por promoção na carreira, deve possuir conhecimentos técnicos e pedagógicos, de preferência, no exercício de funções de magistério, de auxiliar de administração escolar ou na direção de estabelecimentos de ensino".

Há evidente incongruência entre os dois textos, já que o primeiro restringe as funções de inspeção à simples verificação do cumprimento da lei, enquanto o segundo, ao definir as qualificações do inspetor, as caracteriza mais amplamente, fazendo supor que o objetivo dos legisladores seja dar a esta atividade maior responsabilidade na tarefa educacional.

Sendo indispensável inteira clareza nessa matéria, impõe-se o veto ao primeiro, a fim de dar a essa função, da maior relevância educacional, o caráter e a amplitude que realmente lhe devem ser atribuídos.

** Razão do veto - *Artigo 19* - "Não haverá distinção de direitos para qualquer fim entre os estudos realizados em estabelecimentos oficiais e os realizados em estabelecimentos particulares reconhecidos".

É vetada a expressão "para qualquer fim" com o objetivo de evitar a indeterminação do dispositivo que, tal como está redigido, poderia significar uma proibição de se reconhecerem as diferenças de qualidade do ensino, seja em estabelecimentos particulares seja em estabelecimentos públicos.

É sabido que, embora equivalentes, tais estudos podem ser distinguidos quanto à qualidade e à eficácia.

Art. 20 - Na organização do ensino primário e médio, a lei federal ou estadual atenderá:

a) à variedade de métodos de ensino e formas de atividade escolar, tendo-se em vista as peculiaridades da região e de grupos sociais;

b) ao estímulo de experiências pedagógicas com o fim de aperfeiçoar os processos educativos.

Art. 21 - O ensino, em todos os graus, pode ser ministrado em escolas públicas, mantidas por fundações cujo patrimônio e dotações sejam provenientes do Poder Público, ficando o pessoal que nelas servir sujeito, exclusivamente, às leis trabalhistas.

§ 1º - Estas escolas, quando de ensino médio ou superior, podem cobrar anuidade ficando sempre sujeitas à prestação de contas, perante o Tribunal de Contas, e à aplicação, em melhoramentos escolares, de qualquer saldo verificado em seu balanço anual.

§ 2º - Em caso de extinção da fundação, o seu patrimônio reverterá ao Estado.

§ 3º - Lei especial fixará as normas da contribuição destas fundações, organização de seus conselhos diretores e demais condições a que ficam sujeitas.

Art. 22 - Será obrigatória a prática da educação física nos cursos primário e médio, até a idade de 18 anos.

TÍTULO XII
Dos Recursos para a Educação

Art. 92 - A União aplicará, anualmente, na manutenção e desenvolvimento do ensino, 12% (doze por cento), no mínimo, de sua receita de impostos, e os Estados, o Distrito Federal e os Municípios, 20% (vinte por cento), no mínimo.

§ 1º - Com nove décimos dos recursos federais destinados à educação, serão constituídos, em parcelas iguais, o Fundo Nacional do Ensino Primário, o Fundo Nacional do Ensino Médio e o Fundo Nacional do Ensino Superior.

§ 2º - O Conselho Federal de Educação elaborará, para execução em prazo determinado, o Plano de Educação referente a cada Fundo.

§ 3º - Os Estados, o Distrito Federal e os municípios, se deixarem de aplicar a percentagem prevista na Constituição Federal para a manutenção e desenvolvimento do ensino, não poderão solicitar auxílio da União para esse fim.

Art. 93 - Os recursos a que se refere o art. 169 da Constituição Federal serão aplicados preferencialmente na manutenção e desenvolvimento do sistema público de ensino de acordo com os planos estabelecidos pelo Conselho Federal e pelos Conselhos Estaduais de Educação, de sorte que se assegurem:

1º - o acesso à escola do maior número possível de educandos;

2º - a melhoria progressiva do ensino e o aperfeiçoamento dos serviços de educação;

3º - o desenvolvimento do ensino técnico-científico;

4º - o desenvolvimento das ciências, letras e artes.

§ 1º - São consideradas despesas com o ensino:

a) as de manutenção e expansão do ensino;
b) as de concessão de bolsas de estudo;
c) as de aperfeiçoamento de professores, incentivo à pesquisa e realização de congressos e conferências;
d) as de administração federal, estadual ou municipal de ensino, inclusive as que se relacionem com atividades extraescolares.

§ 2º - Não são consideradas despesas com o ensino:

a) as de assistência social e hospitalar, mesmo quando ligadas ao ensino;
b) as realizadas por conta das verbas previstas nos arts. 199 da Constituição Federal e 29 do Ato das Disposições Constitucionais Transitórias;
c) os auxílios e subvenções para fins de assistência e cultura (Lei n. 1.493, de 13-12-1951).

Art. 94 - A União proporcionará recursos a educandos que demonstrem necessidade e aptidão para estudos, sob duas modalidades:

a) bolsas gratuitas para custeio total ou parcial dos estudos;
b) funcionamento para reembolso dentro de prazo variável, nunca superior a quinze anos.

§ 1º - Os recursos a serem concedidos, sob a forma de bolsas de estudo, poderão ser aplicados em estabelecimentos de ensino reconhecido, escolhidos pelo candidato ou seu representante legal.

§2º - O Conselho Federal de Educação determinará os quantitativos globais das bolsas de estudo e funcionamento para os diversos graus de ensino, que atribuirá aos Estados, ao Distrito Federal e aos Territórios.

§ 3º - Os Conselhos Estaduais de Educação, tendo em vista esses recursos e os estaduais:

a) fixarão o número e os valores das bolsas, de acordo com o custo médio do ensino nos municípios e com o grau de escassez de ensino oficial em relação à população em idade escolar;
b) organizarão as provas de capacidade a serem prestadas pelos candidatos, sob condições de autenticidade e imparcialidade que assegurem oportunidades iguais para todos;

c) estabelecerão as condições de renovação anual das bolsas, de acordo com o aproveitamento escolar demonstrado pelos bolsistas.

§ 4º - Somente serão concedidas bolsas a alunos de curso primário quando, por falta de vagas, não puderem ser matriculados em estabelecimentos oficiais.

§ 5º - Não se inclui nas bolsas de que trata o presente artigo o auxílio que o Poder Público concede a educandos sob a forma de alimentação, material escolar, vestuário, transporte, assistência médica ou dentária, o qual será objeto de normas especiais.

Art. 95 - A União dispensará a sua cooperação financeira ao ensino sob a forma de:

a) subvenção, de acordo com as leis especiais em vigor;
b) assistência técnica, mediante convênio visando ao aperfeiçoamento do magistério, à pesquisa pedagógica e à promoção de congressos e seminários;
c) financiamento a estabelecimentos mantidos pelos Estados, Municípios ou particulares, para a compra, construção ou reforma de prédios escolares e respectivas instalações e equipamentos de acordo com as leis especiais em vigor.

§ 1º - São condições para a concessão de financiamento a qualquer estabelecimento de ensino, além de outras que venham a ser fixadas pelo Conselho Federal de Educação:

a) a idoneidade moral e pedagógica das pessoas ou entidades responsáveis pelos estabelecimentos para que é feita a solicitação de crédito;
b) a existência de escrita contábil fidedigna, e a demonstração da possibilidade de liquidação do empréstimo com receitas próprias do estabelecimento ou do mutuário, no prazo contratual;
c) a vinculação, ao serviço de juros e amortização do empréstimo, de uma parte suficiente das receitas do estabelecimento; ou a instituição de garantias reais adequadas, tendo por objeto outras receitas do mutuário; ou bens cuja penhora não prejudique direta ou indiretamente o funcionamento do estabelecimento de ensino;
d) o funcionamento regular do estabelecimento, com observância das leis de ensino.

§ 2º - Os estabelecimentos particulares de ensino, que receberem subvenção ou auxílio para sua manutenção, ficam obrigados a conceder matrículas gratuitas a estudantes pobres, no valor correspondente ao montante recebido.

§ 3º - Não será concedida subvenção nem financiamento ao estabelecimento de ensino que, sob falso pretexto, recusar matrícula a alunos, por motivos de raça, cor ou condição social.

Art. 96 - O Conselho Federal de Educação e os Conselhos Estaduais de Educação, na esfera de suas respectivas competências, envidarão esforços para melhorar a qualidade e elevar os índices de produtividade do ensino em relação ao seu custo:

a) promovendo a publicação anual das estatísticas do ensino e dados complementares, que deverão ser utilizados na elaboração dos planos de aplicação de recursos para o ano subsequente;

b) estudando a composição e o custo do ensino público e propondo medidas adequadas para ajustá-lo ao melhor nível de produtividade.

D) Quadro demonstrativo dos artigos mantidos e revogados da Lei n. 4.024/61.

		TÍTULO	MANTIDOS	REVOGADOS
I	-	Dos Fins da Educação	art. 1º	–
II	-	Do Direito à Educação	arts. 2º e 3º	–
III	-	Da Liberdade do Ensino	arts. 4º e 5º	–
IV	-	Da Administração do Ensino	arts. 6º a 10	–
V	-	Dos Sistemas de Ensino	arts. 11 a 17; 19; 20; 22	arts. 18 e 21 (pela Lei 5.692)
VI	-	Da Educação de Grau Primário	art. 30	de 23 a 29; 31 a 32 (Lei 5.692)
VII	-	Da Educação de Grau Médio	–	de 33 a 61 (Lei 5.692)
VIII	-	Da Orientação Educativa e da Inspeção	–	de 62 a 65 (Lei 5.692)
IX	-	Da Educação de Grau Superior	–	de 66 a 87 (D-Lei 464)*
X	-	Da Educação de Excepcionais	88 e 89	–
XI	-	Da Assistência Social e Escolar	90 e 91	–
XII	-	Dos Recursos para a Educação	96	de 92 a 95 (Lei 5.692)
XIII	-	Disposições Gerais e Transitórias	100; 104; 106 a 108; 112; 114; 115; 120;	97 a 99; 101 a 105; 103; 105; 109; 110; 113; 116 (Lei 5.692) 117 e 118 (D-Lei 464)

---

* O Decreto-Lei 464 de 11-2-69 estabeleceu as normas complementares à Lei n. 5.540 de 28-11-68.

Capítulo 3

O Congresso Nacional e a Lei n. 5.540/68

A Estratégia do "Autoritarismo Desmobilizador" na Instalação da "Democracia Excludente"

1. O Projeto Original

O projeto que deu origem à Lei n. 5.540/68 resultou dos estudos desenvolvidos por um Grupo de Trabalho, criado para esse fim, por decreto do então presidente da República, marechal Arthur da Costa e Silva.

O decreto presidencial foi baixado em 2 de julho de 1968 e estipulava o prazo de trinta dias para que o Grupo de Trabalho concluísse os estudos e apresentasse uma proposta de reforma universitária. O decreto estabelecia, ainda, que os referidos estudos tinham por objetivo garantir a "eficiência, modernização e flexibilidade administrativa" da universidade brasileira, tendo em vista a "formação de recursos humanos de alto nível para o desenvolvimento do país".

Na mesma data de sua criação, o próprio presidente da República designou os membros do Grupo de Trabalho da Reforma Universitária. O Grupo ficou constituído por Fernando Bastos de Ávila, Fernando Ribeiro do Val, João Lyra Filho, João Paulo dos Reis Velloso, Newton Sucupira, Roque Spencer Maciel de Barros e Valnir Chagas, aos quais se juntou posteriormente o deputado Haroldo Leon Peres. O ato de nomeação incluía também os nomes dos estudantes João Carlos Moreira e Paulo Bouças. Entretanto, em que pesem os esforços do governo, como ressaltou o ministro da Educação Tarso Dutra em agosto de 1968, para obter a participação oficial de estudantes, estes se recusaram a participar.

Para compreender a razão da recusa dos estudantes seria necessário levar em conta o contexto socioeconômico-político dos fatos mencionados. Não é, entretanto, escopo do presente trabalho enveredar por uma análise do contexto em referência, o que já foi feito pelo autor deste trabalho em outra publicação (Saviani in Garcia, 1978, p. 174-194). Serão dadas aqui apenas as indicações principais relativas ao contexto da recusa estudantil, através da retomada de alguns aspectos do texto citado.

A Lei de Diretrizes e Bases da Educação Nacional, abordada no capítulo anterior, resultou de uma longa gestação que teve início em 1946 e só se completou em 1961. A esta época no Brasil estava em plena vigência o modelo econômico que os economistas convencionaram chamar de "substituição de importações", modelo este que se configurou após a Revolução de 1930. A crise do café, como consequência da crise mundial da economia capitalista, colocou-nos diante da necessidade de produzir as manufaturas até então importadas. E essa mesma crise do café torna obsoleta a ideologia do "agriculturalismo", que se baseava na crença numa suposta "natural vocação agrícola do Brasil".

A industrialização surge, então, como uma bandeira em torno da qual se unem as diferentes forças sociais. Industrialização e afirmação nacional confundem-se. Em consequência, industrialismo torna-se, praticamente, sinônimo de nacionalismo.

Ora, a vigência do modelo de "substituição de importações" e seu relativo êxito deveu-se à conjugação de uma série de fatores favoráveis. Assim, a crise do café, combinada com a crise geral da economia capitalista, permitiu que as diferentes forças se unissem em torno da bandeira da industrialização.

Nesse quadro, os empresários nacionais (burguesia nacional), com exceção das oligarquias rurais mais aferradas ao tradicionalismo mas que haviam perdido a hegemonia com a Revolução de 1930, evidentemente estavam interessados na industrialização, já que seriam os seus beneficiários diretos e imediatos, dado que lhes caberia a condução do processo.

Os empresários internacionais (burguesia internacional) também tinham interesse nesse processo, pelas seguintes razões:

a) Tendo em vista as medidas protecionistas do governo em relação à indústria nacional, a competição tornava-se difícil. Diante do risco de perder o promissor mercado brasileiro, consideraram preferível negociar a instalação de suas indústrias no país. E, considerando-se os incentivos fiscais, bem como a doação das áreas necessárias à instalação das referidas indústrias, as negociações revelavam-se altamente vantajosas aos empresários internacionais.
b) A produção de bens junto às fontes de matérias-primas e aos locais de consumo propiciava grande economia de fretes, evitando-se o transporte de matérias-primas para a matriz, bem como de bens manufaturados para o mercado consumidor.
c) A enorme redução dos custos de produção nas filiais em relação à matriz, em razão da possibilidade de se contar com uma mão de obra barata, porque abundante.

Os fatores supramencionados faziam da inserção no processo de industrialização do Brasil um mecanismo bastante lucrativo para os empresários estrangeiros.

As camadas médias, por sua vez, também tinham interesse na industrialização, pois vislumbravam aí um instrumento de ampliação das possibilidades de concretização de suas aspirações de ascensão social.

Finalmente, o operariado e as incipientes forças de esquerda apoiavam a industrialização porque a viam como um fator de desenvolvimento do país e condição necessária à libertação nacional. Em 1945, quando se reabre o processo democrático, essas diferentes forças vão lutar não pró ou contra a industrialização, mas pelo controle do processo que a desencadeara.

A referida conjugação de forças era possível porque os interesses externos não chegavam ainda a se contrapor aos interesses nacionais. O antagonismo, porém, vai se acentuando, de modo a fazer emergir, já na fase final do processo de substituição de importações (Governo Kubitschek), uma contradição que se constituirá no centro da crise do início da década de 1960. Trata-se da contradição entre o modelo econômico e a ideologia política vigentes. Como emergiu essa contradição já a partir do governo de Juscelino?

O governo de Kubitschek logrou relativa calmaria política dando livre curso às franquias democráticas, graças a um equilíbrio que repousava na seguinte contradição: ao mesmo tempo que estimulava uma ideologia política nacionalista (o nacionalismo desenvolvimentista), no plano econômico levava a cabo a industrialização do país através de uma progressiva desnacionalização da economia.

Recorde-se, com efeito, que por ocasião do primeiro e segundo governos de transição entre a morte de Getúlio e a posse de Juscelino, a União Democrática Nacional (UDN) estava no poder. Café Filho, embora não filiado à UDN, tendo em vista que esse partido havia liderado a conspiração, constituíra um ministério predominantemente udenista. Foi assim que Eugênio Gudin, ministro da Fazenda, fez baixar a Portaria 113, da Sumoc[1], que concedia grandes vantagens ao capital estrangeiro.

Ora, Juscelino, tendo assumido o governo, não revogou essa portaria. Ao contrário, utilizou-a como instrumento para completar o processo de substituição de importações, atraindo as empresas estrangeiras para implantar, desta vez, as indústrias de consumo durável, principalmente as automobilísticas. Tais indústrias, sendo do tipo capital intensivo, exigiam grandes somas de investimentos. Consequentemente, sua implantação imediata só foi possível a partir das poderosas empresas internacionais. Estas tenderiam, em seguida, a dominar o panorama econômico do país, absorvendo ou colocando sob sua órbita boa parte das empresas nacionais; contudo, essa tendência era incompatível com a ideologia do nacionalismo desenvolvimentista. O Brasil viu-se, então, diante da seguinte opção: ou compatibilizava o modelo econômico com a ideologia, nacionalizando a economia, ou renunciava ao nacionalismo desenvolvimentista ajustando a ideologia política à tendência que se manifestava no plano econômico. Eis como aflorou a contradição entre modelo econômico e ideologia política.

---

1   A Sumoc – Superintendência da Moeda e do Crédito – é a antecessora do Banco Central.

Foi dito aflorou e não surgiu porque, na verdade, essa contradição encontrava-se latente em todo o processo. Ela vai se tipificando à medida que a industrialização avança, até emergir como contradição principal, quando se esgota o modelo de substituição de importações.

Com efeito, por volta de 1960 já não dependíamos da importação de manufaturas. Produziam-se no país não apenas os bens de consumo não duráveis, tais como alimentos e tecidos, cujas indústrias se instalaram na primeira fase de vigência do modelo, mas também os bens de consumo duráveis, correspondentes à última fase do referido modelo. A meta da industrialização tinha sido, pois, atingida. Consequentemente, não fazia mais sentido lutar por ela. Desse modo, aquilo que estava oculto sob o objetivo comum da industrialização, desempenhando no decorrer do processo papel secundário, assume caráter principal, emergindo na crista dos acontecimentos quando o objetivo é atingido.

De fato, se os empresariados nacional e internacional, as camadas médias, o operariado e as forças de esquerda uniram-se em torno da bandeira da industrialização, as razões que os levaram a isso eram divergentes. Assim, enquanto para a burguesia e as camadas médias a industrialização era um fim em si mesmo, para o operariado e as forças de esquerda ela era apenas uma etapa. Por isso, atingida a meta, enquanto a burguesia busca consolidar seu poder, as forças de esquerda levantam nova bandeira: trata-se da nacionalização das empresas estrangeiras, controle da remessa de lucros, de dividendos e as reformas de base (reformas tributária, financeira, agrária, educacional etc.). Tais metas, entretanto, eram decorrentes da ideologia política do nacionalismo desenvolvimentista, entrando em conflito com o modelo vigente.

A contradição acima apontada estava no centro da crise vivida pelo Brasil no início dos anos de 1960. Sair da crise implicava resolver essa contradição. Daí a alternativa: ajustar a ideologia política ao modelo econômico ou vice-versa. A revolução de 1964, como se sabe, resolveu o conflito em termos da primeira opção (PEREIRA, 1970, cap. 4). Em consequência, a ideologia do nacionalismo desenvolvimentista foi substituída pela doutrina da interdependência, elaborada no seio da Escola Superior de Guerra.

Em termos educacionais, foi exatamente no período em que aflorou a contradição antes referida que se ensaiou uma abertura maior na direção das aspirações populares, surgindo iniciativas como o Movimento de Educação de Base (MEB), as campanhas de alfabetização de adultos, os Centros de Cultura Popular etc. Isso, porém, ocorreu à margem da organização escolar regular, constituindo uma espécie de "sistema paralelo" para onde os estudantes universitários canalizavam seus anseios de reforma, compensando, assim, o não atendimento de suas reivindicações pela reforma da própria universidade.

Após 1964, cortadas aquelas alternativas e agravados os problemas em decorrência da adaptação do modelo econômico que, com o esgotamento do processo de substituição de importações, assume progressivamente as características de capitalismo de mercado associado-dependente[2], torna-se a própria universidade o palco e o alvo das reivindicações reformistas. Em contrapartida, o governo tomava algumas medidas visando enquadrar o movimento estudantil e a universidade nas diretrizes do novo regime. É o caso da Lei n. 4.464/65, que regulamentava a organização, o funcionamento e a gestão dos órgãos de representação estudantil, bem como a assinatura dos chamados "acordos MEC-UsAID (Ministério da Educação-Agência dos Estados Unidos para o Desenvolvimento Internacional – United States Agency for International Development)". Tais medidas, orientadas que eram pela doutrina da interdependência, obviamente entravam em conflito com a orientação nacional-desenvolvimentista seguida pelas reivindicações estudantis. A Universidade transformou-se, assim, no único foco de resistência manifesta ao regime, desembocando na crise de 1968.

Nessas circunstâncias, os estudantes, levando ao extremo as suas pretensões, decidiram fazer a reforma pelas próprias mãos. No mês de junho de 1968 eles ocuparam as universidades e instalaram cursos-piloto, ficando algumas escolas sob o controle dos alunos durante o mês de julho e praticamente todo o segundo semestre. É nesse quadro que o governo,

---

2 A literatura sobre o "modelo econômico brasileiro" pós-1964 é abundante e, apesar das diferentes tendências, os diversos autores concordam, implícita ou explicitamente, em caracterizá-lo como "capitalismo de mercado associado-dependente". Ver, por exemplo, Furtado (1972), Simonsen e Campos (1974), Tavares (1972) e Fernandes (1973).

como que raciocinando em termos de "façamos a reforma antes que outros a façam", apressou-se a desencadear o processo baixando, em 2 de julho, portanto no auge da crise estudantil, o Decreto n. 62.937, que instituiu o Grupo de Trabalho da Reforma Universitária (GTRU). Estava, assim, declarado o confronto entre o movimento estudantil e o governo militar (SANFELICE, 1986).

A partir desse contexto, compreende-se por que os estudantes se recusaram a participar do Grupo de Trabalho então criado.

O Grupo funcionou, portanto, sem nenhuma representação estudantil. Dados os fatos acima expostos, o governo tinha pressa. Por isso concedeu ao Grupo de Trabalho apenas trinta dias para concluir os trabalhos.

Contudo, não foi apenas nesse momento que o governo se voltou explicitamente para essa questão. Os fatos narrados simplesmente apressaram o desfecho de algo que estava nas cogitações do governo militar desde sua instalação. Com efeito, além dos "acordos MEC-UsAID" já mencionados, importa lembrar que, em 1961, deflagrada a crise antes apontada, foi criado o Instituto de Pesquisas e Estudos Sociais (IPES) por iniciativa de um grupo de empresários de São Paulo e do Rio de Janeiro. Tal instituto funcionou até 1971 como um verdadeiro partido ideológico do empresariado. Segundo Dreifuss, essa instituição teve papel fundamental na deflagração do golpe de 1964, exercendo influência decisiva na estruturação do novo regime e na formulação de diretrizes governamentais, de modo especial nos âmbitos político e econômico (DREIFUSS, 1981).

E a educação também não deixou de entrar na esfera de preocupações do IPES. Assim é que, já em 1964, nos meses de agosto, setembro, outubro e novembro, dedicou-se à preparação de um "simpósio sobre a reforma da educação", realizado em dezembro do mesmo ano (SOUZA, 1981), culminando com a realização, em outubro e novembro de 1968, em colaboração com a PUC do Rio de Janeiro, de um "Fórum de Educação" (IPES/GB, 1969). Registre-se que participaram desse Fórum dois integrantes do Grupo de Trabalho da Reforma Universitária: Fernando Bastos de Ávila e João Lyra Filho.

Portanto, ao iniciar seus trabalhos, o Grupo da Reforma Universitária já dispunha de um conjunto de subsídios que vinha desde o Relatório

Atcon, passando pelo relatório da Equipe de Assessoramento ao Planejamento do Ensino Superior e pelo Relatório Meira Matos, até os estudos patrocinados pelo IPES (VIEIRA, 1982).

Os resultados dos estudos do Grupo de Trabalho foram consubstanciados no Relatório Geral do GTRU, encaminhando-se as propostas para um grupo de nível ministerial, integrado pelos ministros Antonio Delfim Netto, da Fazenda, João Paulo dos Reis Velloso, do Planejamento, Luiz Antônio da Gama e Silva, da Justiça e Tarso Dutra, da Educação.

Finalmente, em 7 de outubro de 1968 entrava na ordem do dia do Congresso Nacional a Mensagem Presidencial n. 36, contendo o projeto de lei n. 32, destinado a fixar as "normas de organização e funcionamento do ensino superior e sua articulação com a escola média e dar outras providências".

2. A Tramitação do Projeto

A referida Mensagem n. 36 integrou um pacote de sete mensagens que deram entrada no Congresso no mesmo dia para serem discutidas e votadas em regime de urgência, portanto, pelo prazo de quarenta dias, findo o qual seriam aprovadas por decurso de prazo. Além disso, estabelecido o regime de urgência, pela legislação então em vigor as mensagens deveriam ser examinadas ao mesmo tempo pelo Senado e pela Câmara em sessões conjuntas. Em consequência, o estudo dos projetos seria feito em comissões mistas, compostas por senadores e deputados.

No Congresso, que recebeu as mensagens, já não figuravam mais os partidos que desenharam o cenário político brasileiro entre 1945 e 1964. Esses partidos haviam sido extintos pelo Ato Institucional n. 2, de 27 de outubro de 1965. Em seu lugar foram criados, pela mesma iniciativa do governo militar, a Aliança Renovadora Nacional (ARENA), definida como o partido da situação, e o Movimento Democrático Brasileiro (MDB), que desempenharia o papel de oposição. Portanto, dadas as suas origens, o MDB teve, de início, o caráter de oposição consentida.

Assim que o presidente do Congresso Nacional, Pedro Aleixo (à época o Congresso era presidido pelo vice-presidente da República), abriu a sessão e anunciou a leitura do expediente, foi interrompido por uma questão de ordem do senador Josaphat Marinho, líder do MDB, que, após mencionar que o expediente constaria da leitura das mensagens encaminhadas pelo presidente da República, pondera que, das sete mensagens, uma diz respeito ao restabelecimento de representações no Conselho Nacional de Telecomunicações. E prossegue:

> Todas as outras seis mensagens são referentes a ensino, vale dizer, representam parte do que se tem chamado a "reforma universitária". Só uma das mensagens, a de n° 36, contém um projeto que fixa normas de organização e funcionamento do ensino superior, e sua articulação com a escola média, desdobrado em 45 artigos [DCN, 9-10-68, p. 950].

Considera, em seguida, que, desde a aplicação dos atos institucionais, vinha-se entendendo que caberia a leitura de não mais que uma mensagem por sessão. E observa que, se fossem lidas todas as sete mensagens, conforme constava da ordem do dia, como todas foram encaminhadas em regime de urgência, "o Congresso deverá decidir a respeito no prazo de quarenta dias" (idem, ibidem).

E o parlamentar pede a atenção do presidente do Congresso para a gravidade do assunto, considerando que das sete mensagens uma tem "caráter manifestamente político" sendo, portanto, "suscetível de graves divergências" no Congresso. Quanto às outras, que se referem à Reforma Universitária, lembrou o senador que o "Governo levou ano e meio a estudar a matéria", criando grupos de trabalho e implementando estudos de todo o tipo que se consubstanciaram nos projetos em questão. E, depois disso tudo, "remete-os todos de uma vez e para que o Congresso delibere em regime de urgência". E retira a seguinte conclusão:

> Ora, o fato é tão grave que uma de duas: ou o Governo não consultou os dirigentes do Congresso e os seus líderes na Câmara e no Senado, ou não há no Senado e na Câmara quem esteja preocupado em defender as prerrogativas do Congresso, a soberania de suas deliberações, a regularidade de seus trabalhos [idem, ibidem].

E, após se insurgir contra a recepção passiva de imposição arbitrária do Poder Executivo, chama a atenção para a necessidade de que o Congresso, à vista da independência dos poderes, decida soberanamente, dando às mensagens um encaminhamento regular e evitando o tumulto que certamente acarretaria a leitura simultânea das sete mensagens. E arremata: "Isto não é legislar. Isto será apenas, dolorosamente para o Congresso, homologar o arbítrio do Poder Executivo" (idem, ibidem).

Em seguida o presidente passa a palavra ao líder da maioria para contraditar a questão de ordem levantada.

O deputado Geraldo Freire, líder da ARENA, defende a leitura conjunta das sete mensagens, afirmando que seis delas se referem ao mesmo assunto e argumentando a favor do regime de urgência:

> Trata-se de matéria educacional, da reforma universitária tão reclamada pela juventude e pelos homens maduros deste País. De há muito se fala neste assunto, que, assim, assumiu o máximo relevo. Cumpria ao Governo, depois dos estudos necessários, enviá-lo ao Congresso, ainda em tempo útil, para que fosse solucionado no final deste ano de 1968 [idem, ibidem].

Pedro Aleixo, invocando alguns antecedentes, sustenta, contra a argumentação de Josaphat Marinho, que a praxe recomenda o exame conjunto e decide a questão de ordem nesses termos.

Entretanto, o deputado Mário Covas, líder do MDB na Câmara, volta à carga e indaga da data de encerramento do prazo para a deliberação sobre os projetos, obtendo em resposta que o prazo se encerraria quarenta dias após a data da leitura das mensagens, isto é, 16 de novembro de 1968.

Diante disso, Mário Covas solicita que seja anunciado o calendário para que possa formular uma questão de ordem. E trava com o presidente do Congresso um debate bizantino, já que o presidente entendia que o calendário só deveria ser anunciado após a leitura das mensagens, enquanto o deputado argumentava que sua questão de ordem dizia respeito precisamente à leitura e que só poderia ser formulada com o conhecimento prévio do calendário. Finalmente, o presidente cede e anuncia:

> O calendário proposto pelo serviço competente da Assessoria da Presidência é o seguinte: nos dias 8 e 9 de outubro deverão ser instaladas

as comissões; nos dias 10, 11, 14, 15 e 16 serão apresentadas as emendas; até o dia 31 de outubro serão apresentados os pareceres. A convocação de sessões para discussão e votação da matéria ficará na dependência da apresentação dos pareceres [idem, p. 951].

A partir dessa informação, Mário Covas tece considerações sobre as datas, argumentando que, se fossem lidas as sete mensagens, seriam necessárias 21 sessões entre os dias 5 e 14 de novembro, o que seria materialmente impossível de ser realizado. Conclui, pois, que "não há qualquer possibilidade de se esgotar, regimentalmente, a discussão e a votação dessas matérias dentro desses prazos" (idem, ibidem). Insiste, assim, na inconveniência da discussão conjunta das sete mensagens:

> Pois o Governo nos manda sete projetos sobre problemas como a reforma universitária; sete projetos interligados em seis mensagens [sic]. E os envia ao Congresso, e não às duas Casas em separado, criando esse problema de uma Comissão Mista que, em geral, se organiza política e não tecnicamente, desvalorizando o trabalho parlamentar das Comissões Técnicas [idem, ibidem].

Mário Covas prossegue em seu discurso procurando evidenciar a impraticabilidade de se seguir o calendário proposto, de modo especial nas circunstâncias do momento que o Parlamento estava vivendo. Com efeito, era um período pré-eleitoral no qual, além do mais, o Congresso estaria recebendo a rainha da Inglaterra, o que implicaria a realização de sessões especiais de homenagem à visitante. E, exatamente nesse momento, "um problema cujo estudo custou ao Governo muito tempo, muitas bombas, muitos cassetetes, é encaminhado para ser discutido e votado desta maneira" (idem, p. 952).

E fulmina:

> A ninguém de bom senso passa despercebido que essas mensagens estão sendo encaminhadas, neste instante, desta forma, com um único objetivo: ver esses projetos aprovados por decurso de prazo. O observador que possua um mínimo de bom senso e o máximo de isenção tem de concordar em que a única razão pela qual estas mensagens foram encaminhadas desta

maneira é exatamente a de atingir esse objetivo: a aprovação da matéria por decurso de prazo [idem, ibidem].

Novamente o presidente do Congresso passa a palavra ao deputado Geraldo Freire, líder da maioria, para contraditar a questão de ordem formulada pelo líder da oposição.

Geraldo Freire começa por afirmar que Mário Covas não levantou propriamente uma questão de ordem, já que não invocou nenhuma norma regimental, nenhum dispositivo constitucional e nem mesmo a praxe parlamentar, aproveitando-se da oportunidade simplesmente para fazer, na condição de oposicionista, alguns ataques ao governo. O deputado situacionista prossegue considerando injustos os ataques e afirmando que o Poder Executivo jamais teve intenção de menosprezar o Congresso. O que ele pretendeu foi, tal como proclamou solenemente, que os congressistas participassem com seus estudos e emendas, colaborando assim "para que se resolvesse este assunto de tanta importância nacional" (idem, ibidem). E, após afirmar que a data foi determinada não pelo Executivo mas pelo próprio Congresso, através de escolha livre do presidente do Senado, explicita melhor as razões do encaminhamento das mensagens naquele instante:

> Afinal de contas, as mensagens deveriam ser enviadas agora mesmo, porque, se não o fossem, não o seriam mais no ano em curso, e seriam atrasadas cada vez mais. E, com isto, quem perderia seria a Nação mesma, porque há muito se fala em reforma universitária. De há muito tem sido proclamado, desta mesma Tribuna e por elementos da Oposição, a necessidade de que se elabore uma legislação nova a respeito [idem, ibidem].

Obviamente, era crucial para o governo a solução da questão ainda naquele ano de 1968, uma vez que o problema estava posto de modo agudo com a iniciativa dos alunos de assumirem o controle das faculdades, forçando a sua reforma. Eis, pois, o problema que, nas palavras do líder do governo, deveria ser resolvido ainda "no ano em curso": desalojar os alunos do controle das escolas e restabelecer a ordem. Para isso era imprescindível uma nova legislação que, a partir dos anseios de reforma, imprimisse às escolas superiores rumos compatíveis com o projeto político de que era guardião o regime instalado em 1964.

Nessas condições, as sete mensagens foram lidas iniciando-se a contagem irreversível dos quarenta dias em que tudo deveria ser discutido e votado pelo Congresso se se quisesse evitar a aprovação dos projetos nos termos propostos pelo Executivo, por decurso de prazo.

Lidas as mensagens, na mesma sessão foi designada a Comissão Mista, composta por 14 parlamentares (sete senadores e sete deputados) da ARENA e oito do MDB (quatro senadores e quatro deputados).

No dia 31 de outubro, como previa o calendário, a Comissão Mista apresentou seu parecer cujo relator foi o deputado Lauro Cruz.

O projeto recebeu 133 emendas às quais se acrescentaram mais nove apresentadas pelo relator, perfazendo um total de 142. Das 133 emendas, 77 foram sumariamente rejeitadas pelo relator, três foram em parte rejeitadas e em parte subemendadas, 37 foram subemendadas e apenas 16 foram acolhidas integralmente (*DCN*, 5-11-68, p. 7.833-7.839).

Os trabalhos realizados pelo relator, deputado Lauro Cruz, sobre o projeto original e sobre as emendas a ele apresentadas foram consolidados num substitutivo oferecido pelo relator à Comissão Mista no dia 30 de outubro de 1968. Nesse mesmo dia, os membros da Comissão propuseram 12 subemendas ao substitutivo do relator. Tais subemendas tiveram a característica de retocar a redação em aspectos adjetivos, tendo sido todas elas aceitas, ainda que se alterando o enunciado de quatro delas (idem, p. 7.842).

O substitutivo aprovado pela Comissão Mista entrou na ordem do dia da sessão realizada em 6 de novembro de 1968. Usaram da palavra o deputado Último de Carvalho e o senador Eurico Rezende pela ARENA e o senador Josaphat Marinho e o deputado Mário Maia pelo MDB, seguidos de sucessivos apartes de Lauro Cruz que, na condição de relator do substitutivo em discussão, procurava rebater as poucas e irrelevantes tentativas de introduzir algum tipo de alteração no texto. Falou também, servindo-se de um aparte ao senador Josaphat Marinho, o deputado Martins Rodrigues, do MDB. Sua fala caracterizou-se como um protesto da oposição àquilo que ele chamou de insinuação do relator, que teria afirmado que "a Bancada do Movimento Democrático Brasileiro havia aceito, tranquilamente, todas as emendas, todas as sugestões propostas" (*DCN*, 7-11-68, p. 1.087). Contrariamente a essa "insinuação", o deputado considera que a bancada oposicionista "se rebelou contra vários dispositivos e apresentou várias emendas"; entretanto, essa tentativa de propiciar "alguma abertura democrática" foi rejeitada obstinadamente pela maioria. "Nada se quis alterar que modificasse, profundamente, o espírito de desconfiança do Governo". E conclui com as seguintes palavras:

> De modo que, em todas aquelas ocasiões em que a representação do MDB teve ocasião de sugerir emendas liberais [...] ou combater disposições do projeto que lhe pareceram de caráter autoritário, sempre encontrou a resistência obstinada da maioria a qualquer modificação que importasse em sacrificar [...] o espírito do projeto do governo [idem, ibidem].

Em que pese esse pálido protesto, a verdade é que o projeto foi aprovado pacificamente, com a anuência, portanto, da minoria. Dir-se-ia que a oposição consentida consentiu na aprovação do projeto do governo[3].

3. Significado Político do Texto Aprovado

A Lei n. 5.540/68 é um produto típico do regime político instaurado com o golpe militar de 1964. Assim é que Florestan Fernandes, na introdução do texto sobre "os dilemas da reforma universitária consentida", registra que o Grupo de Trabalho enfrentava três obstáculos graves. O primeiro era o tempo extremamente exíguo em face dos objetivos pretendidos. O terceiro dizia respeito à heterogeneidade dos intelectuais que o compunham. É o segundo, porém, que nos interessa aqui mais de perto; consiste no seguinte:

---

[3] Já estava concluída a redação deste capítulo quando chegou às nossas mãos uma dissertação de mestrado defendida recentemente na qual se reitera o consentimento da oposição na aprovação do projeto. Ver Nicolato (1986, p. 340-342).

O GT recebia seu mandato de um Governo destituído de legitimidade política e que não encarna a vontade da Nação, mas dos círculos conservadores que empalmaram o poder, através de um golpe de Estado militar. Por mais respeitáveis ou bem-intencionados que sejam os seus componentes, eles se converteram, individual e coletivamente, em delegados dos detentores do poder e em arautos de uma reforma universitária consentida [FERNANDES, 1975, p. 202].

Florestan desenvolve em seguida aquilo que chama de "elogio e crítica da consciência farisaica", entendendo com tal expressão a capitulação dos intelectuais integrantes do Grupo de Trabalho que, através de um "verbalismo crítico" e de um "radicalismo simulado", empreenderam "uma tentativa de empulhação que confunde a juventude e a Nação" (idem, p. 210). Apesar disso reconhece que o relatório contém "o melhor diagnóstico que o Governo já tentou, tanto dos problemas estruturais com que se defronta o ensino superior, quanto das soluções que eles exigem" (idem, p. 205). E aponta o que considera avanços para depois destacar as "limitações da reforma universitária consentida" (idem, p. 210-238). Em suma, considera Florestan que o Grupo de Trabalho permaneceu "fiel às disposições do Governo Militarista no poder [...] aparecendo diante da Nação como adepto e fiador de uma constituição outorgada da vida universitária" (idem, p. 224). E resume sua posição através do seguinte parágrafo:

> É preciso que fique bem claro, de antemão, que entendemos a reforma universitária consentida como uma manifestação de tutelagem política e como mera panaceia. Não podemos aceitá-la porque ela não flui de nossa vontade, não responde aos anseios que animam as nossas lutas pela reconstrução da universidade e não possui fundamentos democráticos legítimos. Complemento de dois decretos-leis de um Governo militar autoritário e expressão perfeita do poder que engendrou a constituição outorgada à Nação em janeiro de 1967, ela representa uma contrafação de nossos ideais e de nossas esperanças. A ela devemos opor a autêntica reforma universitária, que nasce dos escombros de nossas escolas e da ruína de nossas vidas mas carrega

consigo a vocação de liberdade, de igualdade e de independência do povo brasileiro [idem, p. 203-204].

Se a Lei n. 5.540/68 constitui expressão típica do regime decorrente do golpe militar de 1964, convém, para compreendê-la, explicitar o sentido político do referido golpe bem como a natureza do regime por ele instaurado.

Como já se indicou no primeiro tópico deste capítulo, o movimento militar de 1964 traduziu a opção pelo ajustamento da ideologia política ao modelo econômico. Consequentemente, o referido movimento foi feito para garantir a continuidade da ordem socioeconômica. Para tanto foi necessário, porém, operar uma ruptura política, já que a persistência dos grupos que então controlavam o poder político formal tendia a uma ruptura no plano socioeconômico. Portanto, o movimento militar vitorioso em 1º de abril de 1964 configurou-se inequivocamente como uma contrarrevolução, ainda que assumisse a forma de

> uma contrarrevolução cônscia do seu significado e inconformada com ele, que sentiu a necessidade vicária de se autodenominar "revolução" [JAGUARIBE in FURTADO, 1968, p. 25-47].

Aliás, esse caráter contrarrevolucionário, malgrado os arautos do golpe o terem eufemisticamente denominado movimento revolucionário, foi constantemente proclamado nos discursos políticos proferidos por ocasião das comemorações cívico-militares a partir de 1964. Nesses discursos a seguinte temática tem sido constante: as Forças Armadas levantaram-se para salvaguardar as tradições, restaurar a autoridade, manter a ordem, preservar as instituições e defender a democracia contra as ameaças da desordem, da subversão e do totalitarismo. E essa ação contrarrevolucionária requereu uma "mudança radical" no plano político, o que é atestado, além de outros numerosos indicadores, pelo simples fato da permanência dos militares no poder, caso inédito na história da política brasileira. Aliás, com essa conclusão (ausência de "revolução social", de um lado, e "mudança política radical", de outro) concordam os analistas das mais variadas tendências (STEPAN, 1975, p. 10 e 138-154).

A mudança política acima referida deu-se através de uma crescente centralização e desproporcional fortalecimento da sociedade política em detrimento da sociedade civil, como, aliás, veio a reconhecer, em 1980, o próprio general Golbery do Couto e Silva:

> Ora, como já referimos, o Brasil, com a revolução de 1964, ingressou, quase sem o perceber, numa fase de centralização acelerada que iria permear todos os campos e setores da atividade do Estado, do político ao econômico e deste ao primeiro em reforço recíproco, extravasando-se, aos poucos, a todos os recantos da sociedade nacional em manifestações psicossociais telecondicionadas, senão até mesmo comandadas, desde o Governo central. [...] Em franca escalada cumulativa, a centralização administrativa e política acabaria por centrar na União e, dentro desta, no Poder Executivo a suma do poder público, ao qual nem poderiam atingir pequenas rebeldias distantes, muitas delas até simplesmente ignoradas, enquanto desafios mais fortes ou próximos encontrariam sempre ágil e decisiva repressão [SILVA, 1981, p. 22].

Assim, no Brasil pós-1964 assistiu-se à crescente hipertrofia da sociedade política (setor governamental) em relação à sociedade civil (conjunto das formas de organização dos diferentes setores da população da qual emana a legitimidade do poder exercido). Em consequência, a sociedade política, que detém o monopólio do uso da força (mecanismos repressivos), perdeu o apoio da sociedade civil, que opera na base do consenso (mecanismos persuasivos), emergindo daí o caráter ilegítimo do poder exercido pelo setor governamental. Eis por que, nos últimos anos, difundiu-se a distinção entre legalidade e legitimidade. Quer dizer, o governo é legal porque estribado nas leis que ele próprio patrocinou; não é, porém, legítimo, já que não conta com o consentimento ativo dos governados. Igualmente, as diferentes mobilizações sociais, as greves, por exemplo, tendiam a ser considera-radas ilegais pelo governo, mas eram definidas como legítimas pelos governados. Está aí, cremos, o fundamento da ação social denominada "desobediência civil" (VIEIRA, 1984). Já que o grupo que empolgou o poder se arvorou em intérprete infalível das aspirações da sociedade sem a prévia delegação desta, tal poder é ilegítimo, podendo, em consequência, ser legitimamente contestado.

Ancorado na "doutrina da segurança nacional", cognome da "ideologia política da interdependência", o poder militar-tecnocrático, autodenominado "poder nacional", acionou mecanismos preventivos, repressivos e operativos que iam desde ações psicossociais de propaganda, passando pela repressão localizada de movimentos contestatórios, até a montagem de verdadeiras operações militares destinadas a eliminar fisicamente os adversários[4]. Procedeu-se, assim, à instalação da "democracia excludente".

A denominação *supra* parece-nos sugestiva porque o regime militar implantado em 1964, em nome da democracia, isto é, proclamando constantemente pretensões democráticas e mantendo os canais formais básicos do regime democrático, como o funcionamento do Congresso, operou a exclusão deliberada e sistemática de amplos setores da sociedade civil do processo político. E o fez pondo em movimento a estratégia do "autoritarismo desmobilizador", procedendo a cassações, intervenções em órgãos representativos, extinção dos mesmos, execuções e banimentos de cidadãos brasileiros. O poder central estendia seus tentáculos até os mais longínquos rincões do território nacional, sufocando a sociedade civil, desmantelando as incipientes organizações populares através do império onipresente de seu aparato repressivo. Desencadeava-se, assim, um processo amplo de desmobilização social pela via autoritária, alicerçada primordialmente no exercício discricionário da violência institucionalizada.

Como se traduziu na Lei n. 5.540/68 a estratégia do "autoritarismo desmobilizador"?

O impasse da universidade situava-se numa linha de continuidade com o processo socioeconômico. Com efeito, a tendência já esboçada pela economia nos anos de 1950, principalmente a partir do último quinquênio, exigia relativa ampliação e fortalecimento dos setores médios

---

4 Ver, a respeito, coletânea de textos da Associação dos Diplomados da Escola Superior de Guerra (ADESG), especialmente o opúsculo "Segurança Interna", de autoria dos coronéis Antônio Duarte Miranda, Germano Seidl Vidal e tenente-coronel José Ramos de Alencar.

para compatibilizar a demanda com a expansão da produção de bens de consumo duráveis. Entretanto, ao mesmo tempo, por um mecanismo interno que acelerava a concentração da renda, bem como pelo caráter dependente do desenvolvimento centrado na ação das empresas multinacionais, estreitavam-se cada vez mais os canais de ascensão social, que são o meio através do qual se ampliam os setores médios. Dessa forma, a modernização da economia fazia da escolarização, senão a única, pelo menos a principal via de ascensão social. Daí a forte pressão das camadas médias no sentido da "democratização" da universidade, evidenciada pela mobilização estudantil.

Todavia, se a questão do ensino superior estava em linha de continuidade com o processo socioeconômico, as manifestações dos estudantes tinham por base uma continuidade também no plano político, razão pela qual se orientavam, ainda, pela ideologia nacional-desenvolvimentista. Contudo, do mesmo modo que em termos gerais, também no plano educacional era necessária uma ruptura política para manter a continuidade social, o que implicava o ajustamento da política educacional à nova ideologia política (a doutrina da interdependência) atrelada ao modelo econômico desnacionalizante.

Com vistas no ajustamento referido, foram tomadas várias medidas, tais como a Lei n. 4.464/65, que regulamentava a organização e funcionamento dos órgãos de representação estudantil e as gestões em torno da celebração dos chamados "acordos MEC-UsAID". Entretanto, esse tipo de medida entrava em conflito com a orientação seguida pelas reivindicações estudantis, conduzindo ao confronto entre o movimento estudantil e o governo militar que desembocou na crise de 1968. Assim, com a Lei n. 5.540 de 28 de novembro de 1968, seguida, após a decretação do Ato Institucional n. 5, de 13 de dezembro de 1968, pelos Decretos-Leis 464 e 477, de fevereiro de 1969, consumou-se a ruptura política, também no âmbito educacional, tendo em vista a manutenção da ordem socioeconômica em nome da defesa da democracia. E o setor estudantil foi, também ele, excluído deliberadamente do regime que se autoproclamou democrático.

A referida estratégia do "autoritarismo desmobilizador" aplicada à educação refletiu-se, também, na estrutura do ensino superior preconizada pela reforma. Com efeito, a lei instituiu a departamentalização e a matrícula por disciplina com o seu corolário, o regime de créditos, generalizando a sistemática do curso parcelado. Ora, tais dispositivos, aparentemente apenas administrativos e pedagógicos, tiveram, no entanto, o significado político de provocar a desmobilização dos alunos que, não mais organizados por turmas que permaneciam coesas durante todo o curso, ficaram impossibilitados de se constituírem em grupos de pressão capazes de reivindicar a adequação do ensino ministrado aos objetivos do curso, bem como a consistência e relevância dos conteúdos transmitidos. Além disso, a adoção do vestibular unificado e classificatório aliado ao ciclo básico tiveram o condão de desarmar, ao eliminar artificialmente a figura dos excedentes, as pressões organizadas por mais vagas globalmente oferecidas pela universidade, como também as reivindicações pela ampliação das vagas nas carreiras especificamente mais procuradas.

Ora, como já se viu, as medidas acima apontadas integram um conjunto de iniciativas tomadas no âmbito do regime autoritário caracterizado pelo fechamento político. As modificações introduzidas na organização educacional brasileira visavam, fundamentalmente, ajustar a educação à ruptura política operada em 1964, assestando, assim, um rude golpe nas aspirações populares que implicavam a luta pela transformação da estrutura socioeconômica do país.

Em oposição às referidas aspirações, os grupos vitoriosos em 1964, em lugar do desejado desenvolvimento nacional, empenharam-se no processo de modernização acelerada segundo um modelo desnacionalizante. Adotou-se, em consequência, no campo educacional, a diretriz segundo a qual as decisões relativas à educação não competem aos educadores. A estes caberia apenas executar de modo eficiente as medidas destinadas a enquadrar a educação nos objetivos da modernização acelerada. Quanto às decisões sobre tais medidas, ficavam as mesmas circunscritas ao grupo militar-tecnocrático que havia tomado de assalto o poder (SAVIANI, 1986, p. 87-94).

Eis como a Lei n. 5.540/68 cumpriu o seu papel de reformular o ensino superior brasileiro, definindo-se pela aplicação, nesse campo particular, da estratégia do "autoritarismo desmobilizador" acionada em função da implantação da "democracia excludente".

Além das razões já apresentadas para a preferência pela expressão "democracia excludente" para designar o regime político implantado no Brasil na segunda metade da década de 1960, queremos aduzir, antes de concluir, o contraste entre a posição de Gustavo Capanema, ministro da Educação e Saúde do Estado Novo, sobre esse regime com o qual ele se identificava, e a posição assumida pelos arautos do regime militar pós--1964 nos discursos já lembrados. Capanema definia sem rebuços o regime do Estado Novo como ditadura, por ele defendida entusiasticamente, como está documentado através do discurso, por nós já registrado no início do capítulo dois deste trabalho, proferido por ele na sessão de 3 de agosto de 1956 na Câmara dos Deputados. Nesse discurso, Capanema acusa Clemente Mariani, ministro da Educação e Saúde do Governo Dutra, de desencadear, através do projeto das Diretrizes e Bases da Educação Nacional, "uma revolução contra os princípios pedagógicos, filosóficos e políticos da ditadura". E frisa que tal tentativa ocorreu exatamente no campo da educação, que constituía nada mais nada menos o "terreno em que, segundo os reformadores, a *ditadura* se tinha expressado de maneira mais viva, mais eloquente e mais durável" (*DCN*, 12-2-57, p. 128, grifos meus).

Tratava-se, pois, de uma ditadura reconhecida explicitamente pelos seus próprios agentes e por isso não apenas realizada, mas também proclamada como tal. Em contrapartida, o regime autoritário resultante do golpe militar de 1964 constituiu uma ditadura envergonhada de si mesma, sentindo, em consequência, a necessidade de se autoproclamar democracia. Democracia excludente, podemos conceder.

Resulta, portanto, perfeitamente compreensível a ausência da sociedade civil no processo de tramitação do projeto que deu origem à Lei n. 5.540/68. Contrastando com a mobilização ocorrida no processo de discussão e aprovação da Lei de Diretrizes e Bases da Educação Nacional, quando diferentes organismos da sociedade civil se manifestaram no Congresso Nacional, pressionando-o na direção do atendimento de seus interesses específicos, como registramos no capítulo dois, no caso da Lei n. 5.540/68 o *Diário do Congresso Nacional* do período não registra manifestação alguma dos órgãos da sociedade civil, quaisquer que sejam eles. Tratava-se de um Congresso já amputado por várias cassações de mandatos parlamentares e constituído artificialmente a partir do arbítrio do Poder Executivo para manter a máscara democrática do regime, destinado, portanto, a legitimar formalmente as medidas de fato ilegítimas do poder governamental.

Assim, de um órgão que nas democracias está mais diretamente ligado à sociedade civil, o Parlamento foi transformado em apêndice da sociedade política, cuja função já não era mais a de legislar, mas, como afirmara o líder da oposição, senador Josaphat Marinho, "apenas, dolorosamente para o Congresso, homologar o arbítrio do Poder Executivo" (*DCN*, 9-10-68, p. 950). Era, portanto, um Congresso que, pelas próprias exclusões que o definiam, constituía-se num espelho fiel do regime que o havia instituído: a "democracia excludente". Nessas condições, a oposição devia limitar-se, como o fez no caso da Lei n. 5.540/68, a chancelar, inclusive pelos seus tímidos protestos, a vontade do Executivo. O mais leve deslize em relação ao papel que lhe fora reservado poderia significar o seu fechamento, como ocorreu no "episódio Márcio Moreira Alves". Com efeito, nesse episódio, a banal recusa em permitir que, por mero capricho do governo militar, o deputado fosse processado, implicou o fechamento do Congresso decretado através do Ato Institucional n. 5, de 13 de dezembro de 1968.

Mas como justificar uma democracia sem Parlamento? Em consequência, aquilo que estava inscrito na própria natureza do regime, sendo-lhe, portanto, estrutural, foi interpretado pelo governo como um simples acidente de percurso, de caráter conjuntural, provocado por agentes contumazes infiltrados no Parlamento com o desígnio de subverter a democracia brasileira. E o Congresso foi reaberto não sem antes se processarem novas e numerosas cassações. Dessa intervenção cirúrgica resultou um Congresso ainda mais amputado e manietado, inteiramente dócil aos desejos do Poder Executivo. Consumava-se, assim, o caráter excludente dessa exótica democracia brasileira. A "democracia excludente" estava plenamente instalada e pronta para produzir os seus frutos mais maduros nos mais diferentes setores da vida nacional. Seus reflexos no âmbito educacional serão objetos de exame no próximo capítulo.

Apêndice

Lei n. 5.540
de 28 de Novembro de 1968

Fixa normas de organização e funcionamento do ensino superior e sua articulação com a escola média, e dá outras providências.

O Presidente da República

Faço saber que o Congresso Nacional decreta e eu sanciono a seguinte Lei:

CAPÍTULO I
Do Ensino Superior

Art. 1º - O ensino superior tem por objetivo a pesquisa, o desenvolvimento das ciências, letras e artes e a formação de profissionais de nível universitário.

Art. 2º - O ensino superior, indissociável da pesquisa, será ministrado em universidades e, excepcionalmente, em estabelecimentos isolados, organizados como instituições de direito público ou privado.

Art. 3º - As universidades gozarão de autonomia didático-científica, disciplinar, administrativa e financeira, que será exercida na forma da lei e dos seus estatutos.

§ 1º - Vetado.
a) vetado;
b) vetado;
c) vetado;
d) vetado;
e) vetado;
f) vetado;
g) vetado.

§ 2º - Vetado.
a) vetado;
b) vetado;
c) vetado;
d) vetado;
e) vetado;
f) vetado.

§ 3º - Vetado.
a) vetado;
b) vetado;
c) vetado;
d) vetado.

§ 4º - Vetado.

Art. 4º - As universidades e os estabelecimentos de ensino superior isolados constituir-se-ão, quando oficiais, em autarquias de regime especial ou em fundações de direito público e, quando particulares, sob a forma de fundações ou associações.

Parágrafo único - O regime especial previsto obedecerá às peculiaridades indicadas nesta lei, inclusive quanto ao pessoal docente de nível superior, ao qual não se aplica o disposto no art. 35 do Decreto-lei nº 81, de 21 de dezembro de 1966.

Art. 5º - A organização e o funcionamento das universidades serão disciplinados em estatutos e em regimentos das unidades que as constituem, os quais serão submetidos à aprovação do Conselho de Educação competente.

Parágrafo único - A aprovação dos regimentos das unidades universitárias passará à competência da universidade quando esta dispuser de Regimento Geral aprovado na forma deste artigo.

Art. 6º - A organização e o funcionamento dos estabelecimentos isolados de ensino superior serão disciplinados em regimentos, cuja aprovação deverá ser submetida ao Conselho de Educação competente.

Art. 7º - As universidades organizar-se-ão diretamente ou mediante a reunião de estabelecimentos já reconhecidos, sendo, no primeiro caso, sujeitos a autorização e reconhecimento e, no segundo, apenas a reconhecimento.

Art. 8º - Os estabelecimentos isolados de ensino superior deverão, sempre que possível, incorporar-se a universidades ou congregar-se com estabelecimentos isolados da mesma localidade ou de localidades próximas, constituindo, neste último caso, federação de escolas, regidas por uma administração superior e com regimento unificado que lhes permita adotar critérios comuns de organização e funcionamento.

Parágrafo único - Os programas de financiamento do ensino superior considerarão o disposto neste artigo.

Art. 9º - Vetado.

Art. 10 - O Ministério da Educação e Cultura, mediante proposta do Conselho Federal de Educação, fixará os distritos geoeducacionais para aglutinação, em universidades ou federação de escolas, dos estabelecimentos isolados de ensino superior existentes no país.

Parágrafo único - Para efeito do disposto neste artigo, será livre a associação de instituições oficiais ou particulares de ensino superior na mesma entidade de nível universitário ou federação.

Art. 11 - As universidades organizar-se-ão com as seguintes características:

a) unidade do patrimônio e administração;

b) estrutura orgânica com base em departamentos reunidos ou não em unidades mais amplas;

c) unidades de funções de ensino e pesquisa, vedada a duplicação de meios para fins idênticos ou equivalentes;
d) racionalidade de organização, com plena utilização dos recursos materiais e humanos;
e) universidades de campo, pelo cultivo das áreas fundamentais dos conhecimentos humanos, estudados em si mesmos ou em razão de ulteriores aplicações ou de uma área ou mais áreas técnico-profissionais;
f) flexibilidade de métodos e critérios, com vistas às diferenças individuais dos alunos, às peculiaridades regionais e às possibilidades de combinações dos conhecimentos para novos cursos e programas de pesquisa;
g) vetado.

Art. 12 - Vetado.

§ 1º - Vetado.

§ 2º - Vetado.

§ 3º - O Departamento será a menor fração da estrutura universitária para todos os efeitos de organização administrativa, didático-científica e de distribuição de pessoal, e compreenderá disciplinas afins.

Art. 13 - Na administração superior da universidade haverá órgãos centrais de supervisão de ensino e de pesquisa, com atribuições deliberativas, dos quais devem participar docentes dos vários setores básicos e de formação profissional.

§ 1º - A universidade poderá, também, criar órgãos setoriais, com funções deliberativas e executivas, destinados a coordenar unidades afins para integração de suas atividades.

§ 2º - A coordenação didática de cada curso ficará a cargo de um colegiado, constituído de representantes das unidades que participem do respectivo ensino.

Art. 14 - Na forma do respectivo estatuto ou regimento, o colegiado a que esteja afeta a administração superior da universidade ou estabelecimento isolado incluirá seus membros, com direito a voz e voto, representantes originários de atividades, categorias ou órgãos distintos de modo que não subsista, necessariamente, a preponderância de professores classificados em determinado nível.

Parágrafo único - Nos órgãos a que se refere este artigo haverá obrigatoriamente representantes da comunidade, incluindo as classes produtoras.

Art. 15 - Em cada universidade sob forma de autarquia especial ou estabelecimento isolado de ensino superior, mantido pela União, haverá um Conselho de Curadores, ao qual caberá a fiscalização econômico-financeira.

Parágrafo único - Farão parte do Conselho de Curadores, na proporção de um terço deste, elementos estranhos ao corpo docente e ao discente da universidade ou estabelecimento isolado, entre os quais representantes da indústria, devendo o respectivo estatuto ou regimento dispor sobre sua escolha, mandato e atribuições na esfera da sua competência.

Art. 16 - A nomeação de Reitores e Vice-Reitores de universidades e Diretores e Vice-Diretores de unidades universitárias ou estabelecimentos isolados far-se-á com observância dos seguintes princípios:

I - O Reitor e o Vice-Reitor da universidade oficial serão nomeados pelo respectivo Governo e escolhidos de listas de nomes indicados pelo Conselho Universitário ou colegiado equivalente.

II - Quando, na administração superior universitária, houver órgão deliberativo para as atividades de ensino e pesquisa, principalmente se constituído de elementos escolhidos pelos Departamentos, a lista a que se refere o item anterior será organizada em reunião conjunta desse órgão e do Conselho Universitário ou colegiado equivalente.

III - O Reitor e o Diretor da Universidade, unidade universitária ou estabelecimentos isolados, de caráter particular, serão escolhidos na forma dos respectivos estatutos e regimentos.

IV - O Diretor da unidade universitária ou estabelecimento isolado, quando oficial, será escolhido conforme estabelecido pelo respectivo sistema de ensino, salvo nos casos previstos no § 1º deste artigo.

§ 1º - Os Reitores, Vice-Reitores, Diretores e Vice-Diretores das instituições de ensino superior mantidas pela União, salvo o disposto no § 3º deste artigo, serão indicados em listas de seis nomes pelos respectivos colegiados e nomeados pelo Presidente da República.

§ 2º - Serão de quatro anos o mandato dos Reitores, Vice-Reitores, Diretores e Vice-Diretores, vedado o exercício de dois mandatos consecutivos.

§ 3º - Vetado.

§ 4º - Ao Reitor e ao Diretor caberá zelar pela manutenção da ordem e disciplina no âmbito de suas atribuições, respondendo por abuso ou omissão.

Art. 17 - Nas universidades e nos estabelecimentos isolados de ensino superior poderão ser ministradas as seguintes modalidades de cursos:

a) de graduação, abertos à matrícula de candidatos que hajam concluído o ciclo colegial ou equivalente e tenham sido classificados em concurso vestibular;

b) de pós-graduação, abertos à matrícula de candidatos diplomados em cursos de graduação que preencham as condições prescritas em cada caso;

c) de especialização e aperfeiçoamento, abertos à matrícula de candidatos diplomados em cursos de graduação ou que apresentem títulos equivalentes;

d) de extensão e outros, abertos a candidatos que satisfaçam os requisitos exigidos.

Art. 18 - Além dos cursos correspondentes a profissões reguladas em lei, as universidades e os estabelecimentos isolados poderão organizar outros para atender às exigências de sua programação específica e fazer face a peculiaridades de mercado de trabalho regional.

Art. 19 - Vetado.

Art. 20 - As universidades e os estabelecimentos isolados de ensino superior estenderão à comunidade, sob forma de cursos e serviços especiais, as atividades de ensino e os resultados de pesquisa que lhes serão inerentes.

Art. 21 - O concurso vestibular, referido na letra "a" do art. 17, abrangerá os conhecimentos comuns às diversas formas de educação do segundo grau sem ultrapassar este nível de complexidade para avaliar a formação recebida pelos candidatos e sua aptidão intelectual para estudos superiores.

Parágrafo único - Dentro do prazo de três anos, a contar da vigência desta lei, o concurso vestibular será idêntico em seu conteúdo para todos os cursos ou áreas de conhecimentos afins e unificado em sua execução na mesma universidade ou federação de escolas ou no mesmo estabelecimento isolado de organização pluricurricular, de acordo com os estatutos e regimentos.

Art. 22 - Vetado.

a) vetado;

b) vetado;

c) vetado.

Art. 23 - Os cursos profissionais poderão, segundo a área abrangida, apresentar modalidades diferentes quanto ao número e à duração, a fim de corresponder às condições do mercado de trabalho.

§ 1º - Serão organizados cursos profissionais de curta duração, destinados a proporcionar habilitações intermediárias de grau superior.

§ 2º - Os estatutos e regimentos disciplinarão o aproveitamento dos estudos dos ciclos básicos e profissionais, inclusive os de curta duração, entre si e em outros cursos.

Art. 24 - O Conselho Federal de Educação conceituará os cursos de pós-graduação e baixará normas gerais para sua organização, dependendo sua validade, no território nacional, de os estudos neles realizados terem os cursos respectivos, credenciados por aquele órgão.

Parágrafo único - Vetado.

Art. 25 - Os cursos de especialização, aperfeiçoamento, extensão e outros serão ministrados de acordo com os planos traçados e aprovados pelas universidades e pelos estabelecimentos isolados.

Art. 26 - O Conselho Federal de Educação fixará o currículo mínimo e a duração mínima dos cursos superiores correspondentes a profissões reguladas em lei e de outros necessários ao desenvolvimento nacional.

Art. 27 - Os diplomas expedidos por universidade federal ou estadual nas condições do art. 15 da Lei nº 4.024, de 20 de dezembro de 1961, correspondentes a cursos reconhecidos pelo Conselho Federal de Educação, bem como os dos cursos credenciados de pós-graduação serão registrados na própria universidade, importando em capacitação para o exercício profissional, na área abrangida pelo respectivo currículo, com validade em todo o território nacional.

§ 1º - O Ministério da Educação e Cultura designará as universidades federais que deverão proceder ao registro de diplomas correspondentes aos cursos referidos neste artigo, expedidos por universidades particulares ou por estabelecimentos isolados de ensino superior, importando o registro em idênticos direitos.

§ 2º - Nas unidades da Federação em que haja universidade estadual, nas condições referidas neste artigo, os diplomas correspondentes aos mesmos cursos, expedidos por estabelecimentos isolados do ensino superior mantidos pelo Estado, serão registrados nessa Universidade.

Art. 28 - Vetado.

§ 1º - Vetado.

§ 2º - Entre os períodos letivos regulares, conforme disponham os estatutos e regimentos, serão executados programas de ensino e pesquisa que assegurem o funcionamento contínuo das instituições de ensino superior.

Art. 29 - Será obrigatória, no ensino superior, a frequência de professores e alunos, bem como a execução integral dos programas de ensino.

§ 1º - Na forma dos estatutos e regimentos será passível de sanção disciplinar o professor que, sem motivo aceito como justo pelo órgão competente, deixar de cumprir programa a seu cargo ou horário de trabalho a que esteja obrigado, importando a reincidência nas faltas previstas neste artigo em motivo bastante para exoneração ou dispensa, caracterizando-se o caso como de abandono do cargo ou emprego.

§ 2º - A aplicação do disposto no parágrafo anterior far-se-á mediante representação da instituição ou de qualquer interessado.

§ 3º - Se a representação for considerada objeto de deliberação, o professor ficará desde logo afastado de suas funções, na forma do estatuto ou regimento.

§ 4º - Considerar-se-á reprovado o aluno que deixar de comparecer a um mínimo, previsto em estatuto ou regimento, das atividades programadas para cada disciplina.

§ 5º - O ano letivo poderá ser prorrogado por motivo de calamidade pública, guerra externa, convulsão interna e, a critério dos órgãos competentes da Universidade e estabelecimentos isolados, por outras causas excepcionais, independentes da vontade do corpo discente.

Art. 30 - A formação de professores para o ensino de segundo grau, de disciplinas gerais ou técnicas, bem como o preparo de especialistas destinados ao trabalho de planejamento, supervisão, administração, inspeção e orientação no âmbito de escolas e sistemas escolares, far-se-á em nível superior.

§ 1º - A formação dos professores e especialistas, previstos neste artigo, realizar-se-á nas universidades mediante a cooperação das unidades responsáveis pelos estudos incluídos nos currículos dos cursos respectivos.

§ 2º - A formação a que se refere este artigo poderá concentrar-se em um só estabelecimento isolado ou resultar da cooperação de vários, devendo, na segunda hipótese, obedecer à coordenação que assegure a unidade dos estudos na forma regimental.

CAPÍTULO II
Do Corpo Docente

Art. 31 - O regime do magistério superior será regulado pela legislação própria dos sistemas de ensino e pelos estatutos ou regimentos das universidades e dos estabelecimentos isolados.

Art. 32 - Entendem-se como atividades de magistério superior, para efeitos desta Lei:

a) as que, pertinentes ao sistema indissociável de ensino e pesquisa, se exerçam nas universidades e nos estabelecimentos isolados, em nível de graduação, ou mais elevado, para fins de transmissão e ampliação de saber;

b) as inerentes à administração escolar e universitária exercida por professores.

§ 1º - Haverá apenas uma carreira docente, obedecendo ao princípio da integração de ensino e pesquisa.

§ 2º - Serão considerados, em caráter preferencial para o ingresso e a promoção na carreira docente do magistério superior, os títulos universitários e o teor científico dos trabalhos dos candidatos.

Art. 33 - Os cargos e funções do magistério, mesmo os já criados ou providos, serão desvinculados de campos específicos de conhecimentos.

§ 1º - Vetado.

§ 2º - Nos departamentos, poderá haver mais de um professor em cada nível de carreira.

§ 3º - Fica extinta a cátedra ou cadeira na organização do ensino superior do País.

Art. 34 - As universidades deverão, progressivamente e na medida do seu interesse ou de suas possibilidades, estender a seus docentes o Regime de Dedicação exclusiva às atividades da universidade.

Art. 35 - O regime a que se refere o artigo anterior será prioritariamente estendido às áreas de maior importância para a formação básica e profissional.

Art. 36 - Os programas de aperfeiçoamento de pessoal docente deverão ser estabelecidos pelas universidades, dentro de uma política nacional e regional definida pelo Conselho Federal de Educação e promovida através da Capes e do Conselho Nacional de Pesquisas.

Art. 37 - Ao pessoal do magistério superior, admitido mediante contrato de trabalho, aplica-se exclusivamente a legislação trabalhista, observadas as seguintes regras especiais:

I - a aquisição de estabilidade é condicionada à natureza efetiva da admissão, não ocorrendo nos anos de interinidade ou substituição, ou quando a permanência no emprego depender da satisfação de requisitos especiais de capacidade apurados segundo as normas próprias de ensino;

II - a aposentadoria compulsória, por implemento de idade, extingue a relação do emprego, independente de indenização, cabendo à instituição complementar os proventos da aposentadoria concedida pela instituição da Previdência Social se estes não forem integrais.

CAPÍTULO III
Do Corpo Discente

Art. 38 - O corpo discente terá representação, com direito a voz e voto, nos órgãos colegiados das universidades e dos estabelecimentos isolados de ensino superior, bem como em comissões instituídas na forma dos estatutos e regimentos.

§ 1º - A representação estudantil terá por objetivo a cooperação entre administradores, professores e alunos, no trabalho universitário.

§ 2º - A escolha dos representantes estudantis será feita por meio de eleições do corpo discente e segundo critérios que incluam o aproveitamento escolar dos candidatos, de acordo com os estatutos e regimentos.

§ 3º - A representação estudantil não poderá exceder de um quinto do total dos membros dos colegiados e comissões.

Art. 39 - Em cada universidade ou estabelecimento isolado de ensino superior poderá ser organizado diretório para congregar os membros do respectivo corpo discente.

§ 1º - Além do diretório do âmbito universitário poderão formar-se diretórios setoriais de acordo com a estrutura interna de cada universidade.

§ 2º - Os regimentos elaborados pelos diretórios serão submetidos à aprovação da instância universitária ou escolar competente.

§ 3º - O diretório cuja ação não estiver em consonância com os objetivos para os quais foi instituído será passível das sanções previstas nos estatutos ou regimentos.

§ 4º - Os diretórios são obrigados a prestar contas de sua gestão financeira aos órgãos da administração universitária ou escolar, na forma dos estatutos e regimentos.

Art. 40 - As instituições de ensino superior:

a) por meio de suas atividades de extensão, proporcionarão aos corpos discentes oportunidades de participação em programas de melhoria das condições de vida da comunidade e no processo geral do desenvolvimento;

b) assegurarão ao corpo discente meios para a realização dos programas culturais, artísticos, cívicos e desportivos;

c) estimularão as atividades de educação cívica e de desportos, mantendo, para o cumprimento desta norma, orientação adequada e instalações especiais;

d) estimularão as atividades que visem à formação cívica, considerada indispensável à criação de uma consciência de direitos e deveres do cidadão e do profissional.

Art. 41 - As universidades deverão criar as funções de monitor para alunos do curso de graduação que se submeterem a provas específicas, nas quais demonstrem capacidade de desempenho em atividades técnico-didáticas de determinada disciplina.

Parágrafo único - As funções de monitor deverão ser remuneradas e consideradas título para posterior ingresso em carreira de magistério superior.

CAPÍTULO IV
Disposições Gerais

Art. 42 - Nas universidades e nos estabelecimentos isolados, mantidos pela União, as atividades técnicas poderão ser atendidas mediante a contratação de pessoal na forma da legislação do trabalho, de acordo com as normas a serem estabelecidas nos estatutos e regimentos.

Art. 43 - Os vencimentos dos servidores públicos federais de nível universitário são desvinculados do critério de duração dos cursos.

Art. 44 - Vetado.

Art. 45 - Vetado.

Art. 46 - O Conselho Federal de Educação interpretará, na jurisdição administrativa, as disposições desta e das demais leis que fixem diretrizes e bases da educação nacional, ressalvada a competência dos sistemas estaduais de ensino, definida na Lei nº 4.024, de 20 de dezembro de 1961.

Art. 47 - A autorização ou o reconhecimento de universidade ou estabelecimento isolado de ensino superior será tornado efetivo, em qualquer caso, por decreto do Poder Executivo após prévio parecer favorável do Conselho Federal de Educação, observado o disposto no art. 44 desta Lei.

Art. 48 - O Conselho Federal de Educação, após inquérito administrativo, poderá suspender o funcionamento de qualquer estabelecimento isolado de ensino superior ou a autonomia de qualquer universidade, por motivo de infringência da legislação de ensino ou de preceito estatutário ou regimental, designando-se Diretor ou Reitor *pro tempore*.

Art. 49 - As universidades e os estabelecimentos isolados reconhecidos ficam sujeitos à verificação periódica pelo Conselho de Educação competente, observado o disposto no artigo anterior.

Art. 50 - Das decisões adotadas pelas instituições de ensino superior, após esgotadas as respectivas instâncias, caberá recurso, por estrita arguição de ilegalidade:

a) para os Conselhos Estaduais de Educação, quando se tratar de estabelecimentos isolados mantidos pelo respectivo Estado ou universidades incluídas na hipótese do art. 15 da Lei nº 4.024, de 20 de dezembro de 1961;

b) para o Conselho Federal de Educação, nos demais casos.

Art. 51 - O Conselho Federal de Educação fixará as condições para revalidação de diplomas expedidos por estabelecimentos de ensino superior estrangeiros, tendo em vista o registro da repartição competente e o exercício profissional no País.

CAPÍTULO V
Disposições Transitórias

Art. 52 - As atuais universidades rurais, mantidas pela União, deverão reorganizar-se de acordo com o disposto no artigo 11 desta Lei, podendo, se necessário e conveniente, incorporar estabelecimentos de ensino e pesquisa também mantidos pela União, existentes na mesma localidade ou em localidades próximas.

Parágrafo único - Verificada, dentro de doze meses a partir da data de publicação desta Lei, a juízo do Conselho Federal de Educação, a impossibilidade do disposto neste artigo, as universidades rurais serão incorporadas às federais existentes na mesma região.

Art. 53 - Vetado.

Art. 54 - Vetado.

Art. 55 - Vetado.

Art. 56 - Vetado.

Art. 57 - Vetado.

Art. 58 - Ficam revogadas as disposições em contrário.

Art. 59 - A presente Lei entra em vigor na data de sua publicação.

Brasília, 28 de novembro de 1968; 147º da Independência e 80º da República.

A. COSTA E SILVA

TARSO DUTRA.

(*D.O.*, nº 231, de 29 de novembro de 1968.)

Teor dos Dispositivos da Lei 5.540/68
Vetados pelo Presidente da República

CAPÍTULO I

Art. 3º

§ 1º - A autonomia didático-científica e disciplinar consiste na faculdade de:

a) criar, organizar e modificar e extinguir cursos, atendendo à legislação vigente e às exigências do meio social, econômico e cultural; (vetado)

b) fixar os currículos de seus cursos, observadas as bases mínimas estabelecidas pelo Conselho Federal de Educação; (vetado)

c) estabelecer planos e projetos de investigação científica em qualquer área de sua competência; (vetado)

d) estabelecer o calendário escolar e regimes de trabalho didático e científico de suas diferentes unidades, sem outras limitações a não ser as previstas em lei; (vetado)

e) fixar os critérios para admissão, seleção, promoção e habilitação de alunos; (vetado)

f) conferir graus, diplomas, títulos e outras dignidades universitárias; (vetado)

g) elaborar o próprio código disciplinar para o corpo docente, o discente e o técnico-administrativo. (vetado)

§ 2º - A autonomia administrativa consiste na faculdade de:

a) elaborar a reforma, submetendo à aprovação do Conselho de Educação competente, os próprios estatutos e os regimentos de suas unidades; (vetado)

b) indicar o Reitor, o Vice-Reitor e outros elementos da direção, segundo as normas previstas nesta Lei; (vetado)

c) contratar professores e auxiliares de ensino ou promover sua nomeação atendendo aos preceitos legais vigentes; (vetado)

d) firmar contratos, acordos e convênios; (vetado)

e) aprovar e executar planos, programas e projetos de investimentos referentes a obras, serviços e aquisições em geral; (vetado)

f) admitir e demitir quaisquer funcionários, dispor sobre regime de trabalho e remuneração dentro de suas dotações orçamentárias e outros recursos financeiros; (vetado)

§ 3º - A autonomia financeira consiste na faculdade de:

a) administrar os rendimentos próprios e o seu patrimônio e dele dispor, na forma prevista no ato de constituição, nas leis e nos estatutos respectivos; (vetado)

b) receber subvenções, doações, heranças, legados e cooperação financeira resultante de convênios com entidades públicas ou privadas; (vetado)

c) realizar operações de crédito ou de financiamento, com aprovação do Poder competente, para aquisição de bens imóveis, instalações e equipamentos; (vetado)

d) organizar e executar o orçamento total de sua receita e despesa, devendo os responsáveis pela aplicação dos recursos prestar contas anuais; (vetado)

§ 4º - Os estatutos das universidades poderão prever outras atribuições, além das constantes do presente artigo.

Art. 9º - Não poderão ser incluídas em plano de contenção ou economia, nem colocadas em fundos de reserva, mesmo para pagamentos como restos a pagar, as dotações orçamentárias que vierem a ser consignadas ao Ministério da Educação e Cultura.

Art. 11 - g) Fidelidade à natureza da universidade como obra de cultura, instrumento de transmissão do saber e fator de transformação social.

Art. 12 - As universidades serão constituídas por unidades universitárias, definidas como órgão simultaneamente de ensino e pesquisa no seu campo de conhecimento.

§ 1º - As unidades dividir-se-ão em subunidades denominadas Departamentos, que elaborarão seus planos de trabalho, atribuindo encargos de ensino e pesquisa aos seus docentes, segundo as especializações. (vetado)

§ 2º - Quando abranjam mais de uma área de conhecimentos, as unidades universitárias poderão dividir-se em subunidades e estas em departamentos tendo em vista descentralizar e facilitar a atividade didática e administrativa. (vetado)

Art. 16, § 3º - Nas universidades mantidas por fundações instituídas pelo Poder Público, a nomeação dos respectivos Reitores e Vice-Reitores, bem como dos Diretores e Vice-Diretores das unidades universitárias, se fará na forma que estabelecerem seus estatutos.

Art. 19 - As universidades poderão instituir colégios universitários destinados a ministrar o ensino da terceira série do ciclo colegial, assim como colégios técnicos universitários, quando nelas existir curso superior em que sejam desenvolvidos os mesmos estudos.

Art. 22 - Nas Universidades e estabelecimentos isolados com diferentes cursos, precedendo os ciclos de estudos básicos e profissionais, haverá um ciclo inicial de duração não superior a seis meses, com os seguinte objetivos:

a) correção de insuficiências evidenciadas pelo concurso vestibular na formação dos alunos;
b) orientação para escolha de carreira;
c) ampliação de conhecimentos básicos para estudos posteriores.

Art. 24, § único - O Conselho Federal de Educação deverá pronunciar-se dentro de doze meses sobre os conceitos e normas gerais dos cursos que requerem sua apreciação, os quais, findo esse prazo, se considerarão credenciados.

Art. 28 - No ensino superior, o ano letivo, escolar, independente do ano civil, abrangerá, no mínimo, duzentos e dez dias de trabalho escolar efetivo.

§ 1º - As provas e exames destinados a aferir o aproveitamento escolar, que podem ser realizados conjuntamente com as aulas, não deverão ocupar tempo superior a 1/7 do ano letivo.

CAPÍTULO II

§ 1º - O número de cargos efetivos com funções de magistério em cada unidade universitária poderá variar entre um mínimo e um máximo, dentro do quadro total fixado e aprovado para toda a Universidade.

Art. 44 - A letra *a* e o § 2º do artigo 9º e os artigos 14 e 15 da Lei nº 4.024, de 20 de dezembro de 1961 passam a ter a seguinte redação.

"Art. 9º - ....

a) decidir sobre o funcionamento dos estabelecimentos de ensino superior, federais, municipais e particulares.

§ 2º - A autorização e fiscalização dos estabelecimentos isolados de ensino superior, mantidos pelos Estados, caberão aos Conselhos Estaduais de Educação.

Art. 14 - É da competência da União reconhecer e inspecionar os estabelecimentos municipais e particulares de ensino superior.

Art. 15 - Aos Estados que, durante 5 anos, mantiverem universidade própria com funcionamento regular, serão conferidas as atribuições estabelecidas na letra *b* do artigo 9º, quer quanto à sua Universidade, quer quanto aos estabelecimentos isolados, por eles mantidos".

Art. 45 - Os membros do Conselho Federal de Educação serão nomeados mediante prévia aprovação do Senado Federal.

CAPÍTULO V

Art. 53 - Nos estabelecimentos em que em 31 de dezembro de 1968 não tiver sido observado o disposto no artigo 72 da Lei nº 4.024, de 20 de dezembro de 1961, o ano letivo poderá ser prorrogado, a juízo dos órgãos competentes, até o cumprimento da exigência nele estabelecida.

Art. 54 - Aos filhos dos ex-combatentes da Força Expedicionária Brasileira, da Força Aérea Brasileira, da Marinha de Guerra e Marinha Mercante do Brasil, que hajam participado efetivamente de operações bélicas na Segunda Guerra Mundial, quando aprovados em concurso vestibular para ingresso nas universidades e estabelecimentos de ensino superior mantidos pela União, é assegurado número suficiente de vagas.

Art. 55 - Aos graduados por estabelecimentos de ensino superior, devidamente registrados, que, na data da publicação desta Lei estiverem lecionando no mínimo dois anos em cursos de pós-graduação que atendem ao disposto no artigo nº 24 desta Lei, será conferido diploma de pós-graduação, segundo instruções a serem baixadas pelo Conselho Federal de Educação.

Art. 56 - Os cargos de professor catedrático transformam-se, para todos os efeitos, nos que correspondem ao nível final de carreira docente, ressalvados os direitos dos atuais ocupantes desses cargos em caráter efetivo.

Art. 57 - Dentro do prazo de cento e vinte dias, a contar da data da publicação desta Lei, cada universidade federal submeterá à aprovação do Conselho Federal de Educação o seu Estatuto adaptado às disposições da presente Lei, estabelecendo, se necessário, normas de transição que precedem à plena vigência do seu novo regime de organização e funcionamento.

Decreto-Lei n. 464, de 11 de Fevereiro de 1969

Estabelece normas complementares à Lei nº 5.540, de 28 de novembro de 1968, e dá outras providências.

O Presidente da República, usando da atribuição que lhe confere o § 1º do art. 2º do Ato Institucional nº 5, de 13 de dezembro de 1968, decreta:

Art. 1º - A Lei nº 5.540, de 28 de novembro de 1968, será executada com as disposições complementares estabelecidas no presente Decreto-lei.

Art. 2º - Será negada autorização para funcionamento de universidade instituída diretamente ou estabelecimento isolado de ensino superior quando, satisfeitos embora os mínimos requisitos prefixados à sua criação, não corresponda à exigência do mercado de trabalho, em confronto com as necessidades do desenvolvimento nacional ou regional.

§ 1º - Não se aplica a disposição deste artigo nos casos em que a iniciativa apresente um alto padrão, capaz de contribuir, efetivamente, para o aperfeiçoamento do Ensino e da Pesquisa nos setores abrangidos.

§ 2º - O reconhecimento das universidades e dos estabelecimentos isolados de ensino superior deverá ser renovado periodicamente, de acordo com as normas fixadas pelo Conselho Federal de Educação.

Art. 3º - A faculdade prevista no parágrafo único do art. 10 da Lei nº 5.540, de 28 de novembro de 1968, deverá ser exercida, quando se tratar de universidade com observância do disposto no artigo 11 da mesma lei.

Art. 4º - O Ministro da Educação e Cultura atuará junto às instituições de ensino superior, visando à realização, mediante convênio, de concursos vestibulares unificados em âmbito regional.

Art. 5º - Nas instituições de ensino superior que mantenham diversas modalidades da habilitação, os estudos profissionais de graduação serão precedidos de um primeiro ciclo, comum a todos os cursos ou a grupo de cursos afins, com as seguintes funções:

a) recuperação de insuficiências evidenciadas, pelo concurso vestibular, na formação de alunos;
b) orientação para a escolha de carreira;
c) realização de estudos básicos para ciclos ulteriores.

Art. 6º - Nas instituições oficiais de ensino superior, será recusada nova matrícula ao aluno reprovado em disciplinas que ultrapassem, quanto às horas prescritas de trabalho escolar, um quinto (1/5) do primeiro ciclo ou um décimo (1/10) do curso completo.

Art. 7º - No ensino superior, o ano letivo regular, independente do ano civil, abrangerá, no mínimo, cento e oitenta dias de trabalho escolar efetivo, não incluindo o tempo reservado a exames.

Art. 8º - O Conselho Federal de Educação, ao baixar as normas previstas no artigo 24 da Lei nº 5.540, de 28 de novembro de 1968, poderá admitir que, excepcionalmente, instituições credenciadas expeçam títulos de doutor, diretamente por defesa de tese, a candidatos de alta qualificação científica, cultural ou profissional, apurada mediante exame dos seus títulos e trabalhos.

Art. 9º - O registro de diplomas em universidades oficiais far-se-á por delegação do Ministério da Educação e Cultura, na forma do que dispõe o art. 102 da Lei nº 4.024, de 20 de dezembro de 1961.

Parágrafo único - Os diplomas correspondentes a cursos criados de conformidade com o art. 18 da Lei nº 5.540, de 28 de novembro de 1968, estarão sujeitos a registro e terão validade nos termos do art. 27 da mesma Lei.

Art. 10 - Os cargos de professor catedrático transformam-se, para todos os efeitos, inclusive denominação, nos que correspondam ao nível final da carreira docente, em cada sistema de ensino.

Art. 11 - Aos membros do magistério superior, admitidos no regime da legislação trabalhista, a Justiça do Trabalho aplicará também as normas constantes das leis do ensino e dos estatutos e regimentos universitários e escolares.

Art. 12 - Nas universidades e nos estabelecimentos isolados de ensino superior, o regime disciplinar de professores e alunos, regulado pelas normas constantes dos estatutos e regimentos, será da competência dos reitores e diretores, na jurisdição das respectivas instituições.

Art. 13 - A disposição constante do artigo 16 § 2º, da Lei nº 5.540, de 28 de novembro de 1968, aplica-se aos reitores que se encontrarem no exercício de seus mandatos na data de publicação da mesma lei.

Art. 14 - Dependem de homologação do Ministério da Educação e Cultura os pronunciamentos do Conselho Federal de Educação previstos na Lei nº 5.540, de 28 de novembro de 1968, e neste Decreto-lei.

§ 1º - O Ministro da Educação e Cultura poderá devolver, para reexame, qualquer parecer ou decisão do Conselho Federal de Educação, que deva ser por ele homologado.

§ 2º - Na hipótese do artigo 48 da Lei nº 5.540, de 28 de novembro de 1968, a homologação do parecer do Conselho, em que propuser a suspensão da autonomia de universidade ou de funcionamento de estabelecimento isolado de ensino superior, será seguida da designação de Reitor ou Diretor *pro tempore*, pelo Ministro da Educação e Cultura.

§ 3º - Sem prejuízo do disposto no art. 48 da Lei nº 5.540, a supervisão ministerial do sistema federal de ensino superior será exercida nos termos e casos legalmente previstos.

Art. 15 - O parágrafo único do art. 15, os artigos 31 e 36 e a letra "c" do art. 40, e o art. 52 e seu parágrafo único, da Lei nº 5.540, de 28 de novembro de 1968, passam a vigorar com a seguinte redação:

"Art. 15

Parágrafo único - Na composição do Conselho de Curadores, a ser regulada nos estatutos e regimentos, deverão incluir-se, além dos membros pertencentes à própria instituição, representantes da comunidade e do Ministério da Educação e Cultura, em número correspondente a um terço do total.

Art. 31 - O regime jurídico do magistério superior será regulado pela legislação própria dos sistemas de ensino e pelos estatutos e regimentos das universidades, das federações de escolas e dos estabelecimentos isolados.

Art. 36 - A formação e o aperfeiçoamento do pessoal docente do ensino superior obedecerá a uma política nacional e regional, definida pelo Conselho Federal de Educação e promovida por meio de uma Comissão Executiva em cuja composição deverão incluir-se representantes do Conselho Nacional de Pesquisa, da Coordenação do Aperfeiçoamento de Pessoal de Nível Superior, do Conselho Federal de Educação, do Ministério do Planejamento e Coordenação Geral, do Fundo de Desenvolvimento Técnico-Científico, do Fundo Nacional de Desenvolvimento da Educação e das Universidades.

Art. 40 -

c) estimularão as atividades de educação física e dos desportos, mantendo, para cumprimento desta norma, orientação adequada e instalações especiais.

Art. 52 - As atuais universidades rurais, mantidas pela União, deverão reorganizar-se de acordo com o disposto no artigo 11 da Lei nº 5.540, de 28 de novembro de 1968, ou ser incorporadas, por ato executivo, às universidades existentes nas regiões em que estejam instaladas.

Parágrafo único - Para efeito do disposto na segunda parte do artigo, a reorganização da escola poderá ser iniciada com a aglutinação de estabelecimentos de ensino superior, mantidos pela União, existentes na mesma, ou em localidades próximas".

Art. 16 - Enquanto não houver, em número bastante, os professores e especialistas a que se refere o art. 30 da Lei nº 5.540, de 28 de novembro de 1968, a habilitação para as respectivas funções será feita mediante exame de suficiência realizado em instituições oficiais de ensino superior, indicadas pelo Conselho Federal de Educação.

Parágrafo único - Nos cursos destinados à formação de professores de disciplinas específicas no ensino médio técnico, bem como de administradores e demais especialistas para o ensino primário, os docentes que se encontravam em exercício na data da publicação da Lei nº 5.540, de 28 de novembro de 1968, sem preencher os respectivos mínimos para o exercício de magistério em nível superior, deverão regularizar a sua situação no prazo de cinco anos.

Art. 17 - A fiscalização dos estabelecimentos isolados de ensino superior, mantidos pelos Estados e Municípios, caberá aos sistemas estaduais de ensino.

Art. 18 - Dentro do prazo de noventa (90) dias, a contar da vigência deste Decreto-lei, as universidades e os estabelecimentos isolados de ensino superior submeterão aos Conselhos de Educação competentes os seus estatutos e regimentos, adaptados às prescrições da Lei nº 5.540, de 28 de novembro de 1968 e do presente Decreto-lei.

Parágrafo único - O prazo para adaptação dos regimentos das unidades universitárias, quando não houver regimento geral, será de noventa (90) dias a contar da aprovação dos respectivos estatutos.

Art. 19 - Ficam revogados os artigos de nº 66 a 87, 117 e 118 da Lei nº 4.024, de 20 de dezembro de 1961, bem como as disposições em contrário ao presente Decreto-lei.

Art. 20 - Este Decreto-lei entrará em vigor na data de sua publicação.

Brasília, 11 de fevereiro de 1969; 147º da Independência e 81º da República.

A. COSTA E SILVA

TARSO DUTRA

HÉLIO BELTRÃO.

Capítulo 4

O Congresso Nacional e a Lei n. 5.692/71

A Estratégia do "Autoritarismo Triunfante" na Consolidação da "Democracia Excludente"

1. O Projeto Original

O projeto que deu origem à Lei n. 5.692/71, que veio a fixar as "diretrizes e bases para o ensino de 1º e 2º graus", decorreu dos estudos elaborados por um Grupo de Trabalho instituído pelo então presidente da República general Emílio Garrastazu Médici através do Decreto n. 66.600, de 20 de maio de 1970. O referido decreto registrava na sua ementa: "Cria Grupo de Trabalho no Ministério da Educação e Cultura para estudar, planejar e propor medidas para a atualização e expansão do Ensino Fundamental e do Colegial" e era composto de quatro artigos. O primeiro estipulava que o Grupo seria composto por nove membros; o segundo, que seus componentes seriam designados pelo ministro da Educação e Cultura; o terceiro estabelecia o prazo de sessenta dias, a contar da data de sua instalação, para a conclusão dos trabalhos; e o quarto estabelecia que o decreto entraria em vigor na data de sua publicação e revogava as disposições em contrário (*Atos do Poder Executivo*, 1970, p. 224).

O ministro da Educação, coronel Jarbas Gonçalves Passarinho, designou para compor o Grupo de Trabalho os seguintes membros: padre José de Vasconcellos (presidente), Valnir Chagas (relator), Aderbal Jurema, Clélia de Freitas Capanema, Eurides Brito da Silva, Geraldo Bastos da Silva, Gildásio Amado, Magda Soares Guimarães e Nise Pires.

O Grupo de Trabalho foi instalado no dia 15 de junho de 1970 e iniciou as atividades no dia seguinte, na Faculdade de Educação da Universidade de Brasília. Trabalhou inicialmente em tempo integral, utilizando-se posteriormente de outros regimes de trabalho (VASCONCELLOS, 1972, p. 12).

Em 14 de agosto de 1970, portanto, rigorosamente dentro do prazo estabelecido no decreto de sua criação, o Grupo encaminhou ao ministro da Educação o seu relatório, acompanhado de um anteprojeto de lei.

Após uma apresentação em que se registra a instalação e se recorda o sentido da tarefa que lhe fora acometida pelo decreto que o instituiu, o Grupo de Trabalho desdobra seu relatório em sete partes, seguidas de uma breve conclusão.

A primeira parte trata da estrutura preconizada, abordando os pressupostos e as soluções adotadas. A segunda parte cuida da concepção de currículo que orientou a elaboração do anteprojeto. Ali se levanta a questão da determinação dos conteúdos curriculares, distinguindo-se o "conteúdo comum" e o "conteúdo diversificado", e explicitam-se as noções de currículo pleno, ordenação e sequência dos conteúdos, bem como a fixação do tempo de duração dos cursos de 1º e 2º graus. A terceira parte versa sobre a organização e funcionamento dos estabelecimentos de ensino, discorrendo sobre os seguintes aspectos: períodos letivos, matrícula, avaliação do aproveitamento e assiduidade, orientação educacional e transferência de alunos de um para outro estabelecimento de ensino. O tema da quarta parte é o ensino supletivo, em que se distinguem suprimento e suplência, propõe-se uma solução integrada do ensino supletivo com o ensino regular e justifica-se a existência dos cursos de aprendizagem e qualificação profissionais. A quinta parte tem por objeto a formação e regime de trabalho dos professores e especialistas, ficando para a sexta a questão do financiamento do ensino. Finalmente, a sétima parte estabelece e justifica as condições previstas para a implantação da reforma proposta.

A seguir apresentamos resumidamente as características principais da reforma proposta pelo Grupo de Trabalho.

1.1. Integração vertical:

a) dos graus, níveis e séries de ensino;
b) das atividades, áreas de estudo e disciplinas (em sentido diacrônico).

1.2. Integração horizontal:

a) dos ramos de ensino;
b) das áreas de estudo e disciplinas entre si (em sentido sincrônico).

Através desse princípio de integração visava-se a unificação dos antigos ensino primário e médio, eliminando-se a diferença entre ramos tais como o secundário, agrícola, industrial, comercial e normal, e articulando-se as diferentes ações curriculares no interior de cada série e ao longo das séries desde o início do 1º até o final do 2º grau.

1.3. Continuidade (ensino geral) e terminalidade (ensino especial):

A combinação do binômio continuidade-terminalidade tinha a pretensão de superar o dilema entre o ensino geral, de caráter propedêutico, organizado em função do ensino superior, e o ensino profissional, de caráter terminal.

1.4. Racionalização:

a) concentração de esforços;
b) concentração de recursos materiais e humanos.

Este princípio representava a pedra de toque da reforma, uma vez que era a condição para se atingir a eficiência e produtividade gerando um máximo de resultados com um mínimo de custos.

1.5. Flexibilidade:

a) variedade de currículos;
b) utilização de metodologias apropriadas a cada tipo e nível de ensino;

c) aproveitamento dos estudos realizados;
d) combinação do binômio continuidade-terminalidade, de acordo com:
- idade dos alunos;
- interesse dos alunos;
- aptidões dos alunos;
- capacidade do estabelecimento de ensino;
- nível socioeconômico da região;

e) possibilidade de adoção do regime de matrícula por disciplina no 2º grau.

Esse princípio foi louvado como a grande inovação e uma conquista inestimável da nova legislação. Como se conciliou o autoritarismo que definia o regime então vigente com este postulado de ampla flexibilidade? Pretendemos abordar esse assunto no último item deste capítulo.

1.6. Gradualidade de implantação:

Diferentemente das leis até então promulgadas, que simplesmente definiam uma data a partir da qual entrariam em vigor todos os seus dispositivos, a Lei n. 5.692 estabelece, nas Disposições Transitórias, um processo de implantação gradual, conforme estipulado no artigo 72 e seu parágrafo único:

> Art. 72 - A implantação do regime instituído na presente lei far-se-á, progressivamente, segundo as peculiaridades, possibilidades e legislação de cada sistema de ensino, com observância do Plano Estadual de Implantação que deverá seguir-se a um planejamento prévio elaborado para fixar as linhas gerais daquele, e disciplinar o que deva ter execução imediata.
>
> Parágrafo único - O planejamento prévio e o Plano Estadual de Implantação referidos neste artigo deverão ser elaborados pelos órgãos próprios do respectivo sistema de ensino, dentro de 60 dias o primeiro e 120 o segundo, a partir da vigência desta lei [idem, p. 83-84].

1.7. Valorização do professorado:

- estudos para a formação, aperfeiçoamento, treinamento e retreinamento de professores e especialistas;
- profissionalização do professor pelo Estatuto do Magistério;
- critérios para fixação dos padrões de vencimentos à base da capacitação do professor e não pelo nível de ensino que esteja ministrando;
- tratamento especial para os professores não titulados;
- aproveitamento de graduados do ensino superior como professores das disciplinas de formação profissional;
- capacitação do magistério para as suas responsabilidades polivalentes na escola;
- corresponsabilidade dos professores na ministração do ensino e verificação da eficiência da aprendizagem dos alunos.

As medidas *supra* configuram aquilo que o relatório do Grupo de Trabalho considerou o "primeiro esboço de uma política mais agressiva de valorização do magistério" (idem, p. 40).

1.8. Sentido próprio para o ensino supletivo:

O ensino supletivo mereceu um tratamento especial na Lei n. 5.692/71, cabendo-lhe um capítulo inteiro (o IV). Ali foram definidas as suas funções de suprimento e de suplência, ao mesmo tempo que se consagrou a possibilidade de sua articulação com o ensino regular.

Está aí, de forma resumida, o conjunto de princípios que orientou a reforma proposta pelo Grupo de Trabalho e que estão justificados em seu relatório. Tal orientação foi traduzida em num anteprojeto de lei contendo 66 artigos distribuídos pelos oito capítulos seguintes:

Cap. I	- Do ensino de 1º e 2º graus;
Cap. II	- Do ensino de 1º grau;
Cap. III	- Do ensino de 2º grau;
Cap. IV	- Do ensino supletivo;
Cap. V	- Dos professores e especialistas;

Cap. VI   - Do financiamento;
Cap. VII   - Disposições gerais;
Cap. VIII - Disposições transitórias.

Recebido o documento elaborado pelo Grupo de Trabalho, o ministro da Educação e Cultura submeteu-o à apreciação do Conselho Federal de Educação, que apresentou emendas consideradas pelo ministro "bastante oportunas e enriquecedoras", tendo sido por ele "acolhidas em sua maior parte" (*DCN*, 30-6-71, p. 820). Posteriormente, ainda segundo informações do ministro, "o assunto foi discutido em reunião conjunta do Conselho Federal com os Conselhos Estaduais de Educação, daí resultando já poucas modificações que igualmente aceitei" (idem, ibidem). De posse desses elementos, o ministro os reuniu num "texto integrado" no qual consignou também as suas "próprias opções para manter a coerência geral da proposição e ajustá-la à política geral do Governo" (idem, ibidem).

Do processo anteriormente apontado resultou uma ampliação do anteprojeto do Grupo de Trabalho de 66 para 86 artigos. Os acréscimos ocorreram dominantemente no capítulo "Do financiamento", que passou de nove para 24 artigos.

O "texto integrado" acima referido constituiu o projeto de lei que, acompanhado da "Exposição de Motivos" n. 273, foi encaminhado pelo ministro da Educação e Cultura, coronel Jarbas Passarinho, ao presidente da República em 30 de março de 1971. O presidente Médici, por sua vez, encaminhou em 25 de junho de 1971 os referidos documentos ao Congresso Nacional através da Mensagem n. 209, que no Congresso recebeu o n. 55/71 (CN).

2. A Tramitação do Projeto

O projeto da lei que fixou as diretrizes e bases para o ensino de 1º e 2º graus, da mesma forma que o projeto da lei de reforma universitária, deu entrada no Congresso para ser apreciado em regime de urgência, portanto, em sessões conjuntas do Senado e da Câmara dos Deputados, e no prazo de quarenta dias, findo o qual, não havendo deliberação dos parlamentares, o projeto estaria aprovado por decurso de prazo.

A sistemática adotada em relação à Lei n. 5.692/71 foi, pois, a mesma que vigorou para a Lei n. 5.540/68. A referida sistemática incluiu as seguintes etapas:

1. decreto presidencial instituindo no Ministério da Educação e Cultura Grupo de Trabalho encarregado de elaborar o anteprojeto (com prazo de trinta dias no caso da Lei 5.540 e sessenta dias no caso da Lei 5.692);
2. designação dos membros e instalação do Grupo de Trabalho pelo ministro da Educação e Cultura;
3. desenvolvimento das atividades do Grupo de Trabalho que culminam na apresentação do anteprojeto precedido de "Relatório do GT";
4. exposição de Motivos do ministro da Educação e Cultura encaminhando ao presidente da República o anteprojeto e respectivo relatório;
5. mensagem do presidente da República encaminhando ao Congresso Nacional o anteprojeto e documentos complementares para discussões conjuntas (Senado e Câmara dos Deputados) em regime de urgência (prazo de quarenta dias);
6. leitura da Mensagem em plenário e designação de comissão mista (com representantes do Senado e da Câmara) para estudar o conteúdo da Mensagem, bem como as emendas apresentadas pelos parlamentares e apresentar parecer seguido, se for o caso, de substitutivo;
7. discussão e votação em plenário do resultado dos trabalhos da comissão mista;
8. o documento resultante dos trabalhos do Congresso Nacional é encaminhado ao presidente da República para apreciação e eventual aposição de vetos;

9. o documento retorna ao Congresso para exame e votação dos vetos presidenciais;
10. a lei é editada e publicada no *Diário Oficial da União* (SAVIANI, 1985, p. 150).

As etapas de um a cinco foram objeto de consideração no item anterior. No presente tópico procurar-se-á descrever as etapas de seis a dez.

Na sessão de 28 de junho de 1971 foi lido o Ofício n. 50 do presidente do Senado convocando sessão conjunta para apreciação da matéria no dia 29 de junho (*DCN*, 29-6-71, p. 2.337).

A sessão de 29 de junho foi aberta às 10 horas e, uma vez lida a mensagem, foram designados os membros da comissão mista, que ficou constituída por 22 parlamentares, sendo dez senadores da ARENA e um do MDB, e oito deputados da ARENA e três do MDB. Em seguida foi anunciado o calendário dos trabalhos e a sessão encerrou-se às 10h25. Portanto, em menos de meia hora estava tudo acertado e concertado.

O calendário definido pela presidência do Congresso foi o seguinte:

Em 29 de junho de 1971, leitura da mensagem.

Em 30 de junho, instalação da Comissão, eleição do presidente, do vice-presidente e designação do relator.

De 1º a 8 de julho, apresentação de emendas por parte dos parlamentares perante a Comissão.

Em 15 de julho, apreciação na Comissão do parecer elaborado pelo relator.

Em 19 de julho, apresentação do parecer por parte da Comissão. Imediatamente após a publicação do parecer da Comissão, a presidência do Congresso convocará sessão conjunta para apreciar a matéria. A votação deverá ocorrer até o dia 8 de agosto de 1971, quando se completam os quarenta dias previstos no dispositivo constitucional relativo ao "regime de urgência" (*DCN*, 3-7-71, p. 2.859 e 2-7-71, p. 2.394).

A primeira reunião da Comissão Mista foi realizada no dia 30 de junho de 1971, tendo sido eleitos para presidente o senador Wilson Gonçalves e para vice-presidente o deputado Brígido Tinoco. Na mesma sessão foi designado para relator o deputado Aderbal Jurema.

Os parlamentares apresentaram um número razoavelmente grande de emendas. Talvez em razão disso, na sessão de 14 de julho de 1971, Wilson Gonçalves apresentou solicitação, que foi deferida, a fim de que os trabalhos da Comissão fossem prorrogados até o dia 24 de julho *(DCN,* 15-7-71, p. 951).

Se o grande número de emendas, que atingiu o total de 357, exigiu do relator muito trabalho para tomar conhecimento do seu conteúdo, a reduzida qualidade das mesmas certamente facilitou-lhe a tarefa. Com efeito, grande parte delas era inócua e outras chegavam mesmo a ser esdrúxulas. Exemplos do primeiro tipo são as de n. 53, 62, 63, 66, 89, 108, 164 e 188, para citar apenas algumas. Vejamos, pois, o seu conteúdo:

A emenda 53, do deputado Bezerra de Mello, propõe a substituição do verbo "ensejem" por "assegurem". E apresenta a seguinte justificação:

> A lei, em se tratando de um ponto tão vital, qual seja a profissionalização do ensino de 2º grau, deve usar expressões que não deixem margem a escamoteações e interpretações duvidosas [*DCN*, 13-7-71, p. 3.049].

A emenda 62, do mesmo deputado, propõe "Deslocar a preposição (sic) 'e' para depois de 'família' e acrescentar 'comunidade'".

O deputado Flexa Ribeiro apresentou a emenda 63, do seguinte teor: "Substitua-se no caput do artigo 8º a expressão: 'Na escola regular' por 'No ensino'", sob a alegação de que se trata de "expressão ambígua e sem tradição no vocabulário de educação no Brasil" (idem, p. 3.051).

De autoria do senador Franco Montoro, a emenda 66 propõe: "Onde se lê: 'instituída a orientação educacional...', leia-se: 'instituído o serviço de orientação educacional...'" (idem, p. 3.052).

Também o deputado Aureliano Chaves deu a sua contribuição através da emenda 89, nos seguintes termos: "substitua-se o verbo preponderar na 3º pessoa do singular: 'pondera' por 'preponderão'" (sic), do art. 13, § 1º. Eis a justificativa: "Trata-se de erro tipográfico" (idem, p. 3.055-3.056). A grafia "preponderão" em lugar de "preponderarão" seria decorrência da persistência do erro tipográfico?

A emenda 108, assinada por 11 deputados, propõe a supressão da expressão "conjunto de disciplinas" do artigo 15.

O senador José Lindoso, por sua vez, através da emenda 164, propõe a substituição da palavra "adicionais" por "suplementares", dos parágrafos 1º e 2º do artigo 29.

E o último exemplo, a emenda 188, propõe que no § 2º do artigo 35, a expressão "das leis do trabalho", seja substituída por "da Consolidação das Leis do Trabalho", trazendo, também ela, a assinatura de José Lindoso.

Exemplos de emendas visivelmente descabidas são as de número 50 e 357. A primeira propõe que seja acrescentado ao artigo 6º um parágrafo com a seguinte redação:

> § 1º - Dentre as matérias constantes do currículo do 2º grau será ministrada a disciplina complementar de memorização, de acordo com as diferenças individuais de capacidade dos alunos e de matrícula semestral opcional [idem, p. 3.049].

Seu proponente, o deputado Passos Porto, justifica a emenda considerando a importância da memorização para o homem moderno como meio de acompanhamento do avanço tecnológico.

Já a emenda 357, apresentada pelo deputado Adhemar de Barros Filho, preconiza a introdução do aprendizado do jogo de xadrez a partir da 3ª série do ensino de 1º grau. E traz como justificativa, além da alegação de que "em alguns países europeus, e mesmo na América, já se ministra o ensino de xadrez aos alunos dos cursos fundamentais", ensino esse que "aperfeiçoa o raciocínio do estudante", a consideração de que "o nosso popular Mequinho, hoje considerado mestre internacional, propugna pela introdução do ensino do xadrez em nossas escolas" (idem, p. 3.105).

O relator, deputado Aderbal Jurema, examinou o conjunto das emendas às quais acrescentou outras cinco, de sua autoria, perfazendo, pois, o total de 362 emendas.

Do exame pormenorizado das emendas resultou que apenas 27 foram aceitas integralmente e cinco parcialmente. Quanto às demais, 90 foram subemendadas, 28 foram consideradas prejudicadas e 207 foram inteiramente rejeitadas (*DCN,* 24-7-71, p. 3.173-3.180).

Do estudo das emendas resultou o substitutivo do relator, apresentado e aprovado na segunda reunião da Comissão, realizada em 20 de julho de 1971, sem prejuízo da apresentação de destaques e subemendas. Suspensa a sessão por trinta minutos para que fossem formulados os destaques e subemendas, a reunião foi reaberta, tendo sido aprovadas as 17 subemendas apresentadas, as quais, entretanto, referiam-se basicamente ao aperfeiçoamento redacional, como pode ser ilustrado através dos seguintes exemplos:

Subemenda n. 1: "Substitua-se a palavra 'reestruturados' por 'reorganizados'".

Subemenda n. 2: "Substitua-se a palavra 'entrosamento' por 'entrosagem'".

Subemenda n. 3: "Suprima-se a expressão 'em seu conteúdo'".

Subemenda n. 4: "Suprimam-se no início dos artigos (8º e 9º) as expressões 'No ensino de 1º e 2º graus'".

Subemenda n. 5: "Suprima-se o parágrafo único (do artigo 17)".

Subemenda n. 6: "Suprima-se a expressão 'no período etário'", constante do artigo 19.

Subemenda n. 7: "Substitua-se a expressão 'nas técnicas básicas' por 'no ensino de'", relativas ao artigo 24.

As nove subemendas restantes são do mesmo teor. Não houve, pois, subemenda alguma de caráter substantivo (idem, p. 3.183).

No parecer do relator, o exame das emendas é precedido de um discurso cuja marca é a verborragia interessada mais na busca de efeito literário, de gosto, porém, no mínimo duvidoso. Apesar da citação um tanto longa, convém documentar a consideração feita acima. Assim começa o discurso:

> "...e a quarta-feira seguinte pela manhã, topamos aves, a que chamam de fura-buchos". Assim escreve Pero Vaz Caminha assinalando a presença dos pássaros na descoberta. E os calca-mares, os gaivotões, as garcinas, os fradinhos, os estapagados, os mangas-de-veludo, as catrais de alto-mar, nautas do ar, saudavam os nautas do mar, orientadores líricos mais seguros do que a bússola e o astrolábio porque não davam confiança às variações magnéticas nem às incertezas do sol [idem, p. 3.172].

E prossegue, mais ou menos no mesmo tom:

Em seguida a visão cabralina do monte e da enseada. Terra firme. O lenho de Cristo plantado na terra, pelos rudes marinheiros "que têm por mestra a longa experiência", é o marco da descoberta.

Domingo da Pascoela. Comungam marujos e fidalgos na alegria do achado e do encantamento da terra que se oferece no mistério de sua virgindade tropical. A índia – não entende, mas contempla a cena [idem, ibidem].

O discurso continua, agora assumindo um ar de paródia épica:

Seguem-se, alongando-se para o sul e para o norte, os anos difíceis da posse da terra. Outras naus sem bandeiras definidas, aqui aportam. Saqueiam. Matam. Roubam. Mas a gente lusa resiste. Luta. Mata. Morre, porém não cede um palmo de terra virgem a esses flibusteiros dos mares atlânticos, antes se organizam e levam de arrasto o Tratado de Tordesilhas no desbravamento viril das entradas e das bandeiras.

Depois a escola, o jesuíta catequizador, Nóbrega o primeiro administrador escolar e Anchieta, o criador da lírica brasileira. E os anos se perdem nos séculos na conquista da terra e na gestação heroica da Pátria que nasce [idem, ibidem].

Na sequência, o discurso recapitula de forma superficial e de certo modo fantasiosa alguns aspectos da história do Brasil, referindo-se ao Marquês de Pombal, à vinda de Dom João VI, à Constituição de 1824, ao Ato Adicional de 1834, à criação do Colégio Pedro II e apenas menciona as reformas educacionais, da Reforma Benjamin Constant de 1891 à LDB de 1961.

E o discurso encerra-se com a referência à constituição do Grupo de Trabalho e com a transcrição de grande parte da Mensagem Presidencial para, após algumas considerações genéricas, entrar "na paciente e exaustiva análise das emendas".

Essa referência mais demorada ao discurso do relator, deputado Aderbal Jurema, pareceu pertinente porque se trata de uma fala reveladora do clima político da época, estando em sintonia com a estratégia do "autoritarismo triunfante", com o ideal de "Pátria Grande" e a euforia do "milagre brasileiro", como se pretende evidenciar no próximo item.

Uma vez aprovado na Comissão Mista o parecer com o substitutivo do relator, o presidente da Comissão autorizou a sua publicação, estando pois preenchidos os requisitos para que a matéria entrasse na ordem do dia para discussão e votação em sessão conjunta do Congresso Nacional. Tal sessão foi convocada para o dia 27 de julho de 1971, às 21 horas, conforme o Ofício CN/66 do presidente do Senado (*DCN*, 27-7-71, p. 3.274).

Na referida sessão do dia 27 de julho, toda a matéria, isto é, o projeto, as emendas e o substitutivo, é colocada em discussão em turno único. Aberta a discussão, falam quatro oradores e, não havendo outros inscritos, é encerrada a discussão. Foram solicitados dois irrelevantes destaques por iniciativa do deputado Geraldo Freire, referentes à expressão "para todos os efeitos" do artigo 84 e ao parágrafo único do mesmo artigo.

Em razão de preferência regimental, foi colocado em discussão o substitutivo. Ressalvados os destaques, foi aprovado tanto na Câmara como no Senado. Postos os destaques em votação, foram ambos rejeitados na Câmara, deixando, portanto, de ser submetidos ao Senado.

Estava, assim, aprovado no Congresso Nacional o texto que iria se converter na Lei de Diretrizes e Bases do Ensino de 1º e 2º Graus, o qual, em seguida, foi encaminhado à Comissão de Redação, para que fosse formulada a sua versão final. Posta em discussão a referida redação final, não houve quem quisesse usar da palavra. Em consequência, foi anunciado o encerramento da discussão, passando-se à votação do texto que foi imediatamente aprovado na Câmara e no Senado (*DCN*, 29-7-71, p. 1.029-1.044).

Concluídos os trabalhos no Congresso Nacional, o projeto foi encaminhado à sanção presidencial. E em 11 de agosto de 1971 era promulgada a Lei n. 5.692/71, ressaltando-se a ausência de vetos por parte do presidente da República, fato raro na história da legislação educacional em nosso país. Com efeito, mesmo a Lei n. 5.540/68 recebera vários vetos do então presidente Arthur da Costa e Silva.

3. Significado Político do Texto Aprovado

A Lei n. 5.692/71 completa o ciclo de reformas educacionais destinadas a ajustar a educação brasileira à ruptura política perpetrada pelo golpe militar de 1964. E, como já registramos no capítulo anterior, tal ruptura política constituíra uma exigência para a continuidade da ordem socioeconômica. Considerando-se essa continuidade no âmbito socioeconômico, é compreensível que haja uma continuidade também no que diz respeito à educação. E isto está refletido na legislação.

Assim, se procedermos a uma comparação entre os objetivos da Lei de Diretrizes e Bases da Educação Nacional (Lei n. 4.024/61) e os da Lei de Diretrizes e Bases do Ensino de 1º e 2º Graus (Lei n. 5.692/71), veremos que eles são coincidentes na sua formulação. Com efeito, no que diz respeito aos objetivos gerais da educação, a Lei n. 5.692 não trata do assunto. Entretanto, já que não revogou o artigo 1º da Lei n. 4.024 ("Dos fins da educação"), ela, de fato, incorporou-o, sintetizando-o em termos do ensino de 1º e 2º graus através do seu artigo 1º, no qual estabelece como objetivos gerais do ensino de 1º e 2º graus os seguintes:

1. autorrealização do educando;
2. qualificação para o trabalho;
3. preparo para o exercício consciente da cidadania.

Eis por que o senador João Calmon, através da emenda n. 5, propôs que se incluísse como parágrafo do artigo 1º do projeto de Lei n. 5.692, o disposto no artigo 1º da Lei n. 4.024. E apresentou como justificação:

> Conforme salientou em sua exposição de motivos ao Exmo. Sr. Presidente Emílio Garrastazu Médici o eminente Ministro Jarbas Passarinho, o Projeto de Lei nº 9, de 1971, "marcará uma fase importante do desdobramento do processo histórico do Brasil".
>
> Nessas condições, afigura-se-nos de todo oportuno e mesmo necessário que em diploma de tal magnitude seja reproduzida a definição lapidar dos objetivos previstos no art. 1º da Lei nº 4.024, de 20 de dezembro de 1961, o que nada obsta do ponto de vista da técnica legislativa.

Muito embora este artigo não tenha sido revogado pelo projeto em exame, a manutenção ou inserção nele daquelas finalidades parece-nos indispensável, como solene confirmação dos elevados fins que devem ter os ensinos de 1º e 2º graus [*DCN*, 13-7-71, p. 3.040].

Essa emenda, é verdade, foi rejeitada pelo relator, porém, sob a justificativa de que ela "repete desnecessariamente o artigo 1º da Lei n. 4.024, de 20-12-61, que não foi revogado" (*DCN*, 24-7-71, p. 3.173).

Quanto ao objetivo do ensino de 1º grau, a Lei n. 5.692 apenas optou por uma formulação condensada (formação da criança e do pré-adolescente) registrada no artigo 17, em lugar da redação descritiva da Lei n. 4.024, deixando as especificações para o Conselho Federal de Educação através do disposto no artigo 4º, § 1º, item I ("O Conselho Federal de Educação fixará para cada grau as matérias relativas ao núcleo comum, definindo-lhes os objetivos e amplitude"). Efetivamente, o Conselho Federal de Educação, através da Resolução n. 8, de 1º de dezembro de 1971, fixou as matérias do núcleo comum: comunicação e expressão, estudos sociais e ciências (inclusive matemática). E definiu, como objetivo da área de ciências, o desenvolvimento do pensamento lógico, além de estipular que as referidas matérias deveriam ser ministradas nas primeiras quatro séries, portanto, na etapa correspondente ao antigo curso primário, predominantemente sob a forma de atividade. Consequentemente, a formulação analítica da Lei n. 4.024 ("desenvolvimento do raciocínio e das atividades de expressão da criança e a sua integração no meio físico e social") contida no artigo 25, que definiu o objetivo do ensino primário, foi reconstituída integralmente. Em relação à inclusão do "pré-adolescente" na definição do objetivo do ensino de 1º grau, cabe observar que ela se explica pelo fato de que a Lei n. 5.692 estendeu o ensino de 1º grau para oito anos, abrangendo, em consequência, também a faixa dos 11 anos aos 14 anos.

No que diz respeito ao objetivo do ensino de 2º grau comparativamente ao do ensino médio, constata-se que as formulações contidas em ambas as leis coincidem. Assim, o artigo 35 da Lei n. 4.024 estabelece como objetivo do ensino médio a formação do adolescente; o artigo 17 da Lei n. 5.692, por sua vez, define como objetivo do ensino de 2º grau a formação integral do adolescente. Ora, cumpre lembrar que o adjetivo "integral" não constava do anteprojeto. Foi acrescentado em virtude de emenda, desta vez acatada pelo relator, do senador João Calmon, que a justificou nos seguintes termos: "A inclusão da palavra 'integral' se impõe para que se dê perfeito entrosamento com o que dispõe a Lei nº 4.024, em seu art. 1º, afirmando que a educação nacional deve visar ao desenvolvimento integral da personalidade humana" (*DCN*, 13-7-71, p. 3.061, emenda n. 124). Portanto, aquilo que à primeira vista parecia constituir uma diferença, na verdade traduz uma identidade ainda mais perfeita.

Portanto, o próprio enunciado explícito dos objetivos nas Leis 4.024 e 5.692 revela uma continuidade entre ambas, continuidade que reflete no âmbito educacional a continuidade da ordem socioeconômica de que foi avalista o golpe de 1964.

Aliás, a referida continuidade pode ser imediatamente constatada pelo simples fato de que os cinco primeiros títulos da Lei n. 4.024, que tratam dos fins da educação, do direito à educação, da liberdade do ensino, da administração do ensino e dos sistemas de ensino permanecem em vigor. Ora, são exatamente esses títulos que consubstanciam as diretrizes, isto é, a orientação fundamental da organização escolar brasileira.

Entretanto, se a proclamação dos objetivos revela continuidade entre ambas as leis, é preciso considerar que, no que diz respeito à estrutura e funcionamento dos sistemas de ensino, ocorreu uma ruptura. E isso é compreensível porque, se a continuidade da ordem socioeconômica só pôde ser garantida através da ruptura política, na educação a continuidade das funções dela demandadas pelas condições sociais e econômicas exigiu uma ruptura no âmbito da política educacional, ou seja, nos rumos que deveria tomar a forma de organizar e operar os serviços educacionais.

Eis por que já havíamos chamado a atenção em outro estudo (SAVIANI in GARCIA, 1978, p. 187-188) sobre a importância de se distinguir, na legislação educacional, entre os objetivos proclamados e os objetivos reais. Com efeito, dizíamos, os objetivos proclamados indicam as finalidades gerais e amplas, as intenções últimas. Estabelecem, pois, um horizonte de possibilidades, situando-se num plano ideal em que o consenso, a identidade de aspirações e interesses, é sempre possível. Em contrapartida, os objetivos reais indicam os alvos concretos da ação, aqueles aspectos dos objetivos proclamados em que efetivamente está empenhada a sociedade; implicam, pois, a definição daquilo que se está buscando preservar ou mudar. Portanto, diferentemente dos objetivos proclamados, os objetivos reais situam-se num plano no qual se defrontam interesses divergentes e, por vezes, antagônicos, determinando o curso da ação as forças que controlam o processo. Compreende-se, então, que, enquanto os objetivos proclamados coincidem exatamente com aquilo que se explicita em termos de objetivos na letra da lei, os objetivos reais revelam-se antes na forma de funcionamento da organização escolar prevista em lei e, dialeticamente, nos meios preconizados.

É possível entender, então, por que os objetivos proclamados na Lei n. 4.024 não foram revogados pelas Leis 5.540 e 5.692. Não cabe, porém, inferir daí que os objetivos reais tenham permanecido os mesmos. Dado que a continuidade socioeconômica exigiu uma ruptura política, esta, inevitavelmente, marcou as duas últimas leis. Consequentemente, a inspiração liberalista que caracterizava a Lei n. 4.024 cedeu lugar a uma tendência tecnicista tanto na Lei n. 5.692 como na Lei n. 5.540, examinada no capítulo anterior.

Essa diferença de orientação, como assinaláramos ainda no texto referido, caracteriza-se pelo fato de que, enquanto o liberalismo põe a ênfase na qualidade em lugar da quantidade; nos fins (ideais) em detrimento dos métodos (técnicas); na autonomia em oposição à adaptação; nas aspirações individuais antes que nas necessidades sociais; e na cultura geral em detrimento da formação profissional, com o tecnicismo ocorre o inverso. E isso pode ser observado no caso das leis citadas de modo bastante claro. Com efeito, enquanto os princípios da Lei n. 4.024 acentuavam o primeiro elemento dos pares de conceitos acima enunciados, os princípios das Leis 5.540 e 5.692 inegavelmente fazem a balança pender para o segundo. Assim, os princípios de não duplicação de meios para fins idênticos com seus corolários, tais como a integração (vertical e horizontal), a racionalização-concentração, a intercomplementaridade, a flexibilidade, a continuidade-terminalidade, o aproveitamento de estudos etc., do mesmo modo que medidas tais como a departamentalização, a matrícula por disciplina, o "sistema de créditos", a profissionalização do 2º grau, o detalhamento curricular e tantas outras indicam uma preocupação com o aprimoramento técnico, com a eficiência e produtividade em busca do máximo de resultado com o mínimo de dispêndios.

Ora, se a Lei n. 5.692 complementa a Lei n. 5.540 na ambição de haver reformado toda a organização escolar brasileira segundo as exigências de continuidade socioeconômica e ruptura política já referidas, segue-se que o significado político da Lei n. 5.692 é fundamentalmente aquele mesmo já apontado em relação à Lei n. 5.540.

Entretanto, há *nuances* que diferenciam politicamente ambas as leis que importa destacar.

Com efeito, verificamos que a tramitação da Lei n. 5.540 se deu sob o signo da estratégia política do "autoritarismo desmobilizador". Teria sido idêntico o caso da Lei n. 5.692?

Michel Debrun, ao discutir as estratégias básicas postas em ação na história da política brasileira, afirma:

> Se a "conciliação" serviu para reforçar o poder dos que já tinham poder, é lógico supor que esse potencial disponível tinha a possibilidade de se investir em outras estratégias, capazes, elas também, de promover o autorreforço do poder, mas em moldes diferentes da "conciliação". O mesmo poder prévio, suscetível de ser utilizado para cooptar e amaciar certas categorias de dominados (ou de elites dissidentes), estava também à mão para esmagá-los. E aqui teríamos o autoritarismo "desmobilizador". Ou então para propor-lhes, a todos ou apenas aos setores potencialmente "dinâmicos" da sociedade, "projetos nacionais" – de redenção, de desenvolvimento, de "Pátria Grande" etc. – em torno dos quais deveriam congregar-se as vontades. E, desta vez, teríamos o autoritarismo "mobilizador" [DEBRUN, 1983, p. 15].

Ora, se a Lei n. 5.540 foi aprovada em um momento de crise nacional e após manifestações veementes de protesto dos estudantes em geral e de grande parte dos professores, a Lei n. 5.692 foi promulgada em meio à euforia do Governo Médici e do "milagre brasileiro". Eis por que Evaldo

A. Vieira (1983, p. 213) assinala que "na época de Médici, a preocupação governamental dirigia-se para os louvores às Reformas de Ensino, então já concretizadas". E após mencionar o caráter reiterativo dos temas educacionais, apesar das louvadas reformas, prossegue afirmando que "o Presidente da República ressaltava a modernidade e a profundidade das reformas realizadas, elogiando os princípios pedagógicos nelas introduzidos". Assim é que a Lei n. 5.692 foi saudada como uma verdadeira panaceia, como a redenção definitiva da educação brasileira. E para essa cruzada foram ruidosamente convocados todos os brasileiros, os quais acorreram entusiasticamente em grande quantidade. Não faltou, pois, a convocação de todos para participar da construção do "projeto nacional" de redenção, de desenvolvimento, de "Pátria Grande", o então chamado projeto de construção do "Brasil-Potência". Estaria, então, em ação a estratégia do "autoritarismo mobilizador"?

A possível resposta afirmativa à questão *supra* apresenta, entretanto, um complicador. Assim é que Debrun, após se referir ao "autoritarismo mobilizador", afirma:

> É verdade que, neste último caso, os projetos de autoafirmação nacional foram em geral veiculados por elites dissidentes, e não pela elite no poder. Procuramos, aliás, mostrar que as tentativas de autoritarismo "mobilizador" foram sempre circunscritas e neutralizadas pelos donos do poder, se bem que certos dissidentes tenham sido por eles recuperados e "conciliados" [Debrun, 1983, p.15].

Ora, no caso do período relativo à presidência Médici, os projetos "Pátria Grande" e "Brasil-Potência" foram induzidos a partir dos próprios "donos do poder". Por isso preferimos a expressão "autoritarismo triunfante" para nomear a estratégia política então posta em prática. Com efeito, naquele período o regime autoritário não apenas havia triunfado como fora acometido de uma visão triunfalista, marchando, seguro de sua força, para a consolidação da "democracia excludente" instalada na fase anterior do regime militar. De fato, o processo de exclusão havia se consumado através da censura à imprensa, proibição de greves, arrocho salarial, inúmeras cassações, fechamento das entidades que não consentiam e escalada da repressão impulsionada a partir de organismos paramilitares e paragovernamentais, como o esquadrão da morte e os serviços de inteligência da Marinha, Exército e Aeronáutica, além dos Departamentos de Ordem Política e Social (Dops) dos diferentes estados.

Dir-se-ia que a partir de 1970 o regime autoritário não apenas agia na defensiva, desmantelando todas as organizações que representavam uma ameaça real ou possível, mas passara para a ofensiva, procedendo a uma ampla mobilização pelo alto, visando criar uma consciência nacional incondicionalmente favorável aos desígnios do grupo no poder. Portanto, não apenas se desmobilizou a "sociedade civil", amordaçando-a e sujeitando-a inteiramente à "sociedade política", como se tentou mobilizar amplamente a sociedade brasileira a partir da própria "sociedade política".

Nesse quadro pode-se compreender por que no processo de tramitação do projeto da Lei n. 5.692 no Congresso Nacional não apenas não se detectou manifestação alguma por parte da sociedade civil como sequer foi possível constatar os "pálidos protestos da oposição" ocorridos por ocasião da discussão e aprovação da Lei n. 5.540/68. É que a oposição estava desbaratada e silenciada, restando escassos elementos que cumpriam o papel de legitimar o regime, que assim podia manter sob disfarce formal seu caráter ditatorial insistindo em se proclamar democrático ainda que a preservação da democracia só tenha sido possível pela sua conversão em "democracia excludente".

A própria discussão (que na verdade nem houve) e aprovação da Lei n. 5.692 reflete nitidamente a situação política acima referida. Com efeito, dos 22 parlamentares designados para integrar a Comissão Mista encarregada de apreciar o projeto encaminhado pelo Poder Executivo, 18 eram da Arena e apenas quatro do MDB. O relator na Comissão Mista foi o deputado Aderbal Jurema, obviamente da Arena e, além disso, membro do Grupo de Trabalho constituído pelo Ministério da Educação para elaborar o anteprojeto da lei. Sua função como relator era, pois, nitidamente a de garantir não apenas a preservação, mas o próprio aperfeiçoamento do espírito do projeto emanado do Poder Executivo. E o exame das emendas evidencia quão diligentemente o Congresso soube corresponder a essa expectativa nele depositada pelo governo federal. Assim é que não surgiu sequer uma emenda cuja justificativa apontasse na direção da quebra da lógica do projeto original ou que revelasse algum tipo de discordância em relação a ela. Seria por demais cansativo, além de desnecessário, documentar essa afirmação através da análise de cada uma das emendas. Basta tão somente o exame das emendas relativas à questão da profissionalização do 2º grau para demonstrar cabalmente o papel de aperfeiçoamento do espírito do projeto original desempenhado pelo Congresso Nacional.

A profissionalização universal e compulsória do 2º grau, marca distintiva da reforma proposta na Lei n. 5.692, foi explícita e inequivocamente preconizada através do artigo 5º da referida lei. O anteprojeto prescrevia na alínea *a* do parágrafo 2º do artigo 5º: "A parte de formação especial do currículo terá o objetivo de sondagem de aptidões e iniciação para o trabalho, no ensino de 1º grau, e de habilitação profissional ou aprofundamento em determinadas ordens de estudos gerais, no ensino de 2º grau". É notável a diligência com que os parlamentares advertiram que a fórmula "ou aprofundamento em determinadas ordens de estudos gerais", no plural e como forma alternativa à profissionalização, poderia frustrar o objetivo principal pretendido pela reforma. Nesse sentido várias emendas foram apresentadas, como será evidenciado a seguir.

As emendas n. 38, do senador Antonio Carlos, n. 42, assinada por oito deputados da bancada federal de São Paulo, e n. 43, do senador José Lindoso, propõem que se exclua da referida alínea *a* do parágrafo 2º do artigo 5º a expressão "ou aprofundamento em determinadas ordens de estudos gerais". E apresentam as seguintes justificativas:

> A expressão, no contexto doutrinário da reforma proposta [...] é totalmente descabida.

> Esta oração intercalada, sutil e ardilosa, contraria toda a doutrina e abre caminho para a manutenção daquilo que, justamente, o projeto visa a extirpar: a educação descompromissada com a vida individual e com o futuro do país [*DCN*, 13-7-71, p. 3.047].

A emenda n. 42, por sua vez, é justificada da seguinte maneira:

> Parece-nos inaceitável a alternativa oferecida aos estabelecimentos de ensino quanto ao segundo objetivo. Está claro que devem eles se dedicar, como regra, à habilitação profissional e, somente como exceção, mediante dependência de autorização superior, ao aprofundamento em determinadas ordens de estudos gerais.
>
> A opção certamente estimularia a manutenção dos cursos "clássicos" e "científicos", o que haveria de representar a total frustração dos intentos do legislador [idem, p. 3.048].

Mas a emenda que veio a prevalecer foi a de n. 39, de autoria do deputado Bezerra de Mello, que apresentou a seguinte justificativa:

> Toda a filosofia do projeto está voltada para as necessidades do desenvolvimento, que dia a dia exige mais técnicos de nível médio para a empresa privada e para a empresa pública.
>
> É necessário fechar, de uma vez por todas, a porta das escolas acostumadas ao ensino verbalístico e academizante, que não forma nem para o trabalho nem para a vida.
>
> A alternativa "ou aprofundamento em determinadas ordens de estudos gerais" seria, sem dúvida, a grande brecha por onde resvalariam as escolas e os sistemas avessos à formação profissional do jovem [idem, p. 3.047].

E o deputado conclui sua justificativa apoiando-se na Exposição de Motivos do ministro Jarbas Passarinho, na qual afirma que a reforma proposta "implica abandonar o ensino verbalístico e academizante, para partir vigorosamente para um sistema educativo de 1º e 2º graus, voltado para as necessidades do desenvolvimento" (idem, ibidem).

A emenda em pauta, além de excluir a expressão "ou em determinadas ordens de estudos gerais", propõe o acréscimo de um parágrafo 3º ao artigo 5º nos seguintes termos:

> § 3º - Excepcionalmente a parte especial do currículo poderá assumir, no ensino de 2º grau, o caráter de aprofundamento em determinada ordem de

estudos gerais, para atender à aptidão específica do estudante, em face de indicação dos professores e do serviço de orientação do estabelecimento [idem, ibidem].

Observe-se que, nessa emenda, acolhida pelo relator, "aprofundamento em determinada ordem..." aparece no singular e nitidamente como exceção. Ora, essa atitude do Congresso Nacional teve o evidente sentido de preservar o espírito do anteprojeto que ele considerou ameaçado pela redação original. De fato, podemos ler no relatório do Grupo de Trabalho:

> A verdadeira terminalidade, ao longo de toda a escolarização dos 7 aos 18 anos, encontra-se de fato no ensino de 2º grau, ministrado como é no período etário em que as aptidões efetivamente existentes tendem a estiolar-se quando não são cultivadas com oportunidade [VASCONCELLOS, 1972, p. 20].

E, mais à frente, após referir-se à situação então vigente na qual a profissionalização constituía exceção, afirma:

> O caminho a trilhar não é outro senão o de converter a exceção em regra, fazendo que o segundo grau sempre se conclua por uma formação específica [idem, ibidem].

E o relator, que tendo sido membro do Grupo de Trabalho conhecia muito bem o espírito que o orientou, obviamente teve o bom senso de acolher a emenda que traduzia esse espírito de forma ainda mais perfeita e acabada do que a letra do texto do anteprojeto. E não deixa de ser admirável a fidelidade com que o Congresso buscou atender a essa orientação. Aperfeiçoando o texto (a letra), os congressistas preservaram o espírito do projeto original oriundo do Poder Executivo.

Eis como os princípios que orientaram a elaboração da Lei n. 5.692 estiveram em perfeita sintonia com a estratégia do "autoritarismo triunfante", contribuindo assim para o objetivo governamental de consolidação da "democracia excludente".

Cumpre frisar que todos os princípios da referida lei expressaram a perfeita sintonia acima indicada, inclusive o de "flexibilidade", em que pesem as proclamações de liberdade e autonomia a ele frequentemente associadas. Na verdade, ousaríamos mesmo afirmar que tal princípio constituía uma faca de dois gumes, já que tanto poderia ser invocado por professores e alunos como pelas autoridades. E, no contexto descrito, o princípio de flexibilidade foi um instrumento importante para preservar no âmbito educacional o arbítrio que caracterizava o poder então exercido. Com efeito, pela flexibilidade as autoridades governamentais evitavam sujeitar-se a definições legais mais precisas que necessariamente imporiam limites à sua ação, ficando livres para impor à nação os programas educacionais de interesse dos donos do poder. E com a vantagem de facilitar a busca de adesão e apoio daqueles mesmos sobre os quais eram impostos os referidos programas.

Aliás, esse tom triunfalista pode ser detectado também nos discursos do próprio presidente Médici. Assim é que, no discurso de posse proferido em 30 de outubro de 1969, Médici afirmava: "Creio em que, passados os dias difíceis dos anos 60, amanhecerá, na década de 70, a nossa hora" (MÉDICI, 1970, p. 40). E assim concluía o referido discurso: "E, com a ajuda de Deus e dos homens, haverei de pôr na mão do povo tudo aquilo em que mais creio" (idem, ibidem). Esse mesmo sentimento bonapartista é evidente também no discurso pronunciado por ocasião da convenção da ARENA, de 20 de novembro de 1969:

> Desejo proclamar que esta filiação partidária é um ato de comando, que não transfiro nem delego a ninguém, as responsabilidades superiores de condução dos problemas nacionais [idem, p. 46].

E, no mesmo discurso, definia o seu projeto:

> Compreendo nacional, o que supera as ambições provincianas e as questiúnculas de campanário, para compor, na diversidade dos regionalismos e nas legítimas aspirações da gente de toda parte, um projeto integrado de Brasil potência [idem, p. 47].

Em suma, governando à moda do *duce*, Médici dirigiu o país utilizando-se de projetos de impacto que eram decididos autoritária e arbitrariamente em virtude da ampla flexibilidade de que desfrutava a sua administração, projetos esses que eram ufanisticamente anunciados através de rede de televisão e rádio a toda a nação, antes mesmo de serem apreciados, conforme a Constituição, pelo Congresso Nacional. É que de antemão sabia-se que o Congresso só tinha uma possibilidade: homologar o projeto do Executivo. Compreende-se agora por que Médici se vangloriava de não ter assinado nenhum decreto de cassação durante todo o seu mandato presidencial. É que sua ampla margem de flexibilidade tornava inviável o surgimento até mesmo de pretextos para eventuais cassações.

Apêndice

Lei n. 5.692
de 11 de Agosto de 1971

Fixa Diretrizes e Bases para o ensino de 1º e 2º graus, e dá outras providências.

O Presidente da República

Faço saber que o Congresso Nacional decreta e eu sanciono a seguinte Lei:

CAPÍTULO I
Do Ensino de 1º e 2º Graus

Art. 1º - O ensino de 1º e 2º graus tem por objetivo geral proporcionar ao educando a formação necessária ao desenvolvimento de suas potencialidades como elemento de autorrealização, qualificação para o trabalho e preparo para o exercício consciente da cidadania.

§ 1º - Para efeito do que dispõem os arts. 176 e 178 da Constituição, entende-se por ensino primário a educação correspondente ao ensino de primeiro grau e por ensino médio, o de segundo grau.

§ 2º - O ensino de 1º e 2º graus será ministrado obrigatoriamente na língua nacional.

Art. 2º - O ensino de 1º e 2º graus será ministrado em estabelecimentos criados ou reorganizados sob critérios que assegurem a plena utilização dos seus recursos materiais e humanos, sem duplicação de meios para fins idênticos ou equivalentes.

Parágrafo único - A organização administrativa, didática e disciplinar de cada estabelecimento do ensino será regulada no respectivo regimento, a ser aprovado pelo órgão próprio do sistema, com observância de normas fixadas pelo respectivo Conselho de Educação.

Art. 3º - Sem prejuízo de outras soluções que venham a ser adotadas, os sistemas de ensino estimularão, no mesmo estabelecimento, a oferta de modalidades diferentes de estudos integradas por uma base comum, e na mesma localidade:

a) a reunião de pequenos estabelecimentos em unidades mais amplas;
b) a entrosagem e a intercomplementaridade dos estabelecimentos de ensino entre si ou com outras instituições sociais, a fim de aproveitar a capacidade ociosa de uns para suprir deficiências de outros;
c) a organização de centros interescolares que reúnam serviços e disciplinas ou áreas de estudo comuns a vários estabelecimentos.

Art. 4º - Os currículos do ensino de 1º e 2º graus terão um núcleo comum, obrigatório em âmbito nacional, e uma parte diversificada para atender, conforme as necessidades e possibilidades concretas, às peculiaridades locais, aos planos dos estabelecimentos e às diferenças individuais dos alunos.

§ 1º - Observar-se-ão as seguintes prescrições na definição dos conteúdos curriculares:

I - O Conselho Federal de Educação fixará para cada grau as matérias relativas ao núcleo comum, definindo-lhes os objetivos e a amplitude.

II - Os Conselhos de Educação relacionarão, para os respectivos sistemas de ensino, as matérias dentre as quais poderá cada estabelecimento escolher as que devam constituir a parte diversificada.

III - Com aprovação do competente Conselho de Educação, o estabelecimento poderá incluir estudos não decorrentes de matérias relacionadas de acordo com o inciso anterior.

§ 2º - No ensino de 1º e 2º graus dar-se-á especial relevo ao estudo da língua nacional, como instrumento de comunicação e como expressão da cultura brasileira.

§ 3º - Para o ensino de 2º grau, o Conselho Federal de Educação fixará, além do núcleo comum, o mínimo a ser exigido em cada habilitação profissional ou conjunto de habilitações afins.

§ 4º - Mediante aprovação do Conselho Federal de Educação, os estabelecimentos de ensino poderão oferecer outras habilitações profissionais para as quais não haja mínimos de currículo previamente estabelecidos por aquele órgão, assegurada a validade nacional dos respectivos estudos.

Art. 5º - As disciplinas, áreas de estudo e atividades que resultem das matérias fixadas na forma do artigo anterior, com as disposições necessárias ao seu relacionamento, ordenação e sequência, constituirão para cada grau o currículo pleno do estabelecimento.

§ 1º - Observadas as normas de cada sistema de ensino, o currículo pleno terá uma parte de educação geral e outra de formação especial, sendo organizado de modo que:

a) no ensino de primeiro grau, a parte de educação geral seja exclusiva nas séries iniciais e predominante nas finais;

b) no ensino de segundo grau, predomine a parte de formação especial.

§ 2º - A parte de formação especial do currículo:

a) terá o objetivo de sondagem de aptidões e iniciação para o trabalho, no ensino de 1º grau, e de habilitação profissional, no ensino de 2º grau;

b) será fixada, quando se destine à iniciação e habilitação profissional, em consonância com as necessidades do mercado de trabalho local ou regional, à vista de levantamentos periodicamente renovados.

§ 3º - Excepcionalmente, a parte especial do currículo poderá assumir, no ensino de 2º grau, o caráter de aprofundamento em determinada ordem de estudos gerais, para atender a aptidão específica do estudante, por indicação de professores e orientadores.

Art. 6º - As habilitações profissionais poderão ser realizadas em regime de cooperação com as empresas.

Parágrafo único - O estágio não acarretará para as empresas nenhum vínculo de emprego, mesmo que se remunere o aluno estagiário, e suas obrigações serão apenas as especificadas no convênio feito com o estabelecimento.

Art. 7º - Será obrigatória a inclusão de Educação Moral e Cívica, Educação Física, Educação Artística e Programas de Saúde nos currículos plenos dos estabelecimentos de 1º e 2º graus, observado quanto à primeira o disposto no Decreto-lei nº 869, de 12 de setembro de 1969.

Parágrafo único - O ensino religioso, de matrícula facultativa, constituirá disciplina dos horários normais dos estabelecimentos oficiais de 1º e 2º graus.

Art. 8º - A ordenação do currículo será feita por séries anuais de disciplinas ou áreas de estudo organizadas de forma a permitir, conforme o plano e as possibilidades do estabelecimento, a inclusão de opções que atendam às diferenças individuais dos alunos e, no ensino de 2º grau, ensejem variedade de habilitações.

§ 1º - Admitir-se-á a organização semestral no ensino de 1º e 2º graus e, no de 2º grau, a matrícula por disciplina sob condições que assegurem o relacionamento, a ordenação e a sequência dos estudos.

§ 2º - Em qualquer grau, poderão organizar-se classes que reúnam alunos de diferentes séries e de equivalentes níveis de adiantamento, para o ensino de línguas estrangeiras e outras disciplinas, áreas de estudo e atividades em que tal solução se aconselhe.

Art. 9º - Os alunos que apresentem deficiências físicas ou mentais, os que se encontrem em atraso considerável quanto à idade regular de matrícula e os superdotados deverão receber tratamento especial de acordo com as normas fixadas pelos competentes Conselhos de Educação.

Art. 10 - Será instituída obrigatoriamente a Orientação Educacional incluindo aconselhamento vocacional em cooperação com os professores, a família e a comunidade.

Art. 11 - O ano e o semestre letivos, independentemente do ano civil, terão, no mínimo, 180 e 90 dias de trabalho escolar efetivo, respectivamente, excluído o tempo reservado às provas finais, caso estas sejam adotadas.

§ 1º - Os estabelecimentos de ensino de 1º e 2º graus funcionarão entre os períodos letivos regulares para, além de outras atividades, proporcionar estudos de recuperação aos alunos de aproveitamento insuficiente e ministrar, em caráter intensivo, disciplinas, áreas de estudo e atividades planejadas com duração semestral, bem como desenvolver programas de aperfeiçoamento de professores e realizar cursos especiais de natureza supletiva.

§ 2º - Na zona rural, o estabelecimento poderá organizar os períodos letivos, com prescrição de férias nas épocas do plantio e colheita de safras, conforme plano aprovado pela competente autoridade de ensino.

Art. 12 - O regimento escolar regulará a substituição de uma disciplina, área de estudo ou atividade por outra a que se atribua idêntico ou equivalente valor formativo, excluídas as que resultem do núcleo comum e dos mínimos fixados para as habilitações profissionais.

Parágrafo único - Caberá aos Conselhos de Educação fixar, para os estabelecimentos situados nas respectivas jurisdições, os critérios gerais que deverão presidir ao aproveitamento de estudos definido neste artigo.

Art. 13 - A transferência do aluno de um para outro estabelecimento far-se-á pelo núcleo comum fixado em âmbito nacional e, quando for o caso, pelos mínimos estabelecidos para as habilitações profissionais, conforme normas baixadas pelos competentes Conselhos de Educação.

Art. 14 - A verificação do rendimento escolar ficará, na forma regimental, a cargo dos estabelecimentos, compreendendo a avaliação do aproveitamento e a apuração da assiduidade.

§ 1º - Na avaliação do aproveitamento, a ser expressa em notas ou menções, preponderarão os aspectos qualitativos sobre os quantitativos e os resultados obtidos durante o período letivo sobre os da prova final, caso esta seja exigida.

§ 2º - O aluno de aproveitamento insuficiente poderá obter aprovação mediante estudos de recuperação proporcionados obrigatoriamente pelo estabelecimento.

§ 3º - Ter-se-á como aprovado quanto à assiduidade:

a) o aluno de frequência igual ou superior a 75% na respectiva disciplina, área de estudo ou atividade;

b) o aluno de frequência inferior a 75% que tenha tido aproveitamento superior a 80% da escala de notas ou menções adotadas pelo estabelecimento;

c) o aluno que não se encontre na hipótese da alínea anterior, mas com frequência igual ou superior ao mínimo estabelecido em cada sistema de ensino pelo respectivo Conselho de Educação, e que demonstre melhoria de aproveitamento após estudos a título de recuperação.

§ 4º - Verificadas as necessárias condições, os sistemas de ensino poderão admitir a adoção de critérios que permitam avanços progressivos dos alunos pela conjugação dos elementos de idade e aproveitamento.

Art. 15 - O regimento escolar poderá admitir que no regime seriado, a partir da 7ª série, o aluno seja matriculado com dependência de uma ou duas disciplinas, áreas de estudo ou atividades de série anterior, desde que preservada a sequência do currículo.

Art. 16 - Caberá aos estabelecimentos expedir os certificados de conclusão de série, conjunto de disciplinas ou grau escolar e os diplomas ou certificados correspondentes às habilitações profissionais de todo o ensino de 2º grau, ou de parte deste.

Parágrafo único - Para que tenham validade nacional, os diplomas e certificados relativos às habilitações profissionais deverão ser registrados em órgão local do Ministério da Educação e Cultura.

CAPÍTULO II
Do Ensino de 1º Grau

Art. 17 - O ensino de 1º grau destina-se à formação da criança e do pré-adolescente, variando em conteúdo e métodos segundo as fases de desenvolvimento dos alunos.

Art. 18 - O ensino de 1º grau terá a duração de oito anos letivos e compreenderá, anualmente, pelo menos 720 horas de atividades.

Art. 19 - Para o ingresso no ensino de 1º grau, deverá o aluno ter a idade mínima de sete anos.

§ 1º - As normas de cada sistema disporão sobre a possibilidade de ingresso no ensino de primeiro grau de alunos com menos de sete anos de idade.

§ 2º - Os sistemas de ensino velarão para que as crianças de idade inferior a sete anos recebam conveniente educação em escolas maternais, jardins de infância e instituições equivalentes.

Art. 20 - O ensino de 1º grau será obrigatório dos 7 aos 14 anos, cabendo aos Municípios promover, anualmente, o levantamento da população que alcance a idade escolar e proceder à sua chamada para matrícula.

Parágrafo único - Nos Estados, no Distrito Federal, nos Territórios e nos Municípios, deverá a administração do ensino fiscalizar o cumprimento da obrigatoriedade escolar e incentivar a frequência dos alunos.

CAPÍTULO III
Do Ensino de 2º Grau

Art. 21 - O ensino de 2º grau destina-se à formação integral do adolescente.

Parágrafo único - Para ingresso no ensino de 2º grau, exigir-se-á a conclusão do ensino de 1º grau ou de estudos equivalentes.

Art. 22 - O ensino de 2º grau terá três ou quatro séries anuais, conforme previsto para cada habilitação, compreendendo, pelo menos, 2.200 ou 2.900 horas de trabalho escolar efetivo, respectivamente.

Parágrafo único - Mediante aprovação dos respectivos Conselhos de Educação, os sistemas de ensino poderão admitir que, no regime de matrícula por disciplina, o aluno possa concluir em dois anos no mínimo, e cinco no máximo, os estudos correspondentes a três séries da escola de 2º grau.

Art. 23 - Observado o que sobre o assunto conste da legislação própria:

a) a conclusão da 3ª série do ensino de 2º grau, ou do correspondente no regime de matrícula por disciplinas, habilitará ao prosseguimento de estudos em grau superior;

b) os estudos correspondentes à 4ª série do ensino do 2º grau poderão, quando equivalentes, ser aproveitados em curso superior da mesma área ou de áreas afins.

CAPÍTULO IV
Do Ensino Supletivo

Art. 24 - O ensino supletivo terá por finalidade:

a) suprir a escolarização regular para os adolescentes e adultos que não a tenham seguido ou concluído na idade própria;

b) proporcionar, mediante repetida volta à escola, estudos de aperfeiçoamento ou atualização para os que tenham seguido o ensino regular no todo ou em parte.

Parágrafo único - O ensino supletivo abrangerá cursos e exames a serem organizados nos vários sistemas, de acordo com as normas baixadas pelos respectivos Conselhos de Educação.

Art. 25 - O ensino supletivo abrangerá, conforme as necessidades a atender, desde a iniciação do ensino de ler, escrever e contar e a formação profissional definida em lei específica até o estudo intensivo de disciplinas do ensino regular e a atualização de conhecimentos.

§ 1º - Os cursos supletivos terão estrutura, duração e regime escolar que se ajustem às suas finalidades próprias e ao tipo especial de aluno a que se destinam.

§ 2º - Os cursos supletivos serão ministrados em classes ou mediante a utilização de rádio, televisão, correspondência e outros meios de comunicação que permitam alcançar o maior número de alunos.

Art. 26 - Os exames supletivos compreenderão a parte do currículo resultante do núcleo comum, fixado pelo Conselho Federal de Educação, habilitando ao prosseguimento de estudos em caráter regular, e poderão, quando realizados para o exclusivo efeito de habilitação profissional de 2º grau, abranger somente o mínimo estabelecido pelo mesmo Conselho.

§ 1º - Os exames a que se refere este artigo deverão realizar-se:

a) ao nível de conclusão de ensino de 1º grau, para os maiores de 18 anos;

b) ao nível de conclusão do ensino de 2º grau, para os maiores de 21 anos.

§ 2º - Os exames supletivos ficarão a cargo de estabelecimentos oficiais ou reconhecidos, indicados nos vários sistemas, anualmente, pelos respectivos Conselhos de Educação.

§ 3º - Os exames supletivos poderão ser unificados na jurisdição de todo um sistema de ensino, ou parte deste, de acordo com normas especiais baixadas pelo respectivo Conselho de Educação.

Art. 27 - Desenvolver-se-ão, ao nível de uma ou mais das quatro últimas séries do ensino de 1º grau, cursos de aprendizagem ministrados a alunos de 14 a 18 anos, em complementação da escolarização regular e, a esse nível ou ao de 2º grau, cursos intensivos de qualificação profissional.

Parágrafo único - Os cursos de aprendizagem e os de qualificação darão direito a prosseguimento de estudos quando incluírem disciplinas, áreas de estudo e atividades que os tornem equivalentes ao ensino regular, conforme estabeleçam as normas dos vários sistemas.

Art. 28 - Os certificados de aprovação em exames supletivos e os relativos à conclusão de cursos de aprendizagem e qualificação serão expedidos pelas instituições que os mantenham.

CAPÍTULO V
Dos Professores e Especialistas

Art. 29 - A formação de professores e especialistas para o ensino de 1º e 2º graus será feita em níveis que se elevem progressivamente, ajustando-se às diferenças culturais de cada região do País, e com orientação que atenda aos objetivos específicos de cada grau, às características das disciplinas, áreas de estudo ou atividades e às fases de desenvolvimento dos educandos.

Art. 30 - Exigir-se-á como formação mínima para o exercício do magistério:

a) no ensino de 1º grau, da 1ª à 4ª série, habilitação específica de 2º grau;
b) no ensino de 1º grau, da 1ª à 8ª série, habilitação específica de grau superior, ao nível de graduação, representada por licenciatura de 1º grau obtida em curso de curta duração;
c) em todo o ensino de 1º e 2º graus, habilitação específica obtida em curso superior de graduação correspondente à licenciatura plena.

§ 1º - Os professores a que se refere a letra "a" poderão lecionar na 5ª e 6ª séries do ensino do 1º grau se a sua habilitação houver sido obtida em quatro séries ou, quando em três, mediante estudos adicionais correspondentes a um ano letivo que incluirão, quando for o caso, formação pedagógica.

§ 2º - Os professores a que se refere a letra "b" poderão alcançar, no exercício do magistério, a 2ª série do ensino de 2º grau mediante estudos adicionais correspondentes no mínimo a um ano letivo.

§ 3º - Os estudos adicionais referidos nos parágrafos anteriores poderão ser objeto de aproveitamento em cursos ulteriores.

Art. 31 - As licenciaturas de 1º grau e os estudos adicionais referidos no § 2º do artigo anterior serão ministrados nas universidades e demais instituições que mantenham cursos de duração plena.

Parágrafo único - As licenciaturas de 1º grau e os estudos adicionais, de preferência nas comunidades menores, poderão também ser ministrados em faculdades, centros, escolas, institutos e outros tipos de estabelecimentos criados ou adaptados para esse fim, com autorização e reconhecimento na forma da Lei.

Art. 32 - O pessoal docente do ensino supletivo terá preparo adequado às características especiais desse tipo de ensino, de acordo com as normas estabelecidas pelos Conselhos de Educação.

Art. 33 - A formação de administradores, planejadores, orientadores, inspetores, supervisores e demais especialistas de educação será feita em curso superior de graduação com duração plena ou curta, ou de pós-graduação.

Art. 34 - A admissão de professores e especialistas no ensino oficial de 1º e 2º graus far-se-á por concurso público de provas e títulos, obedecidas para inscrição as exigências de formação constantes desta lei.

Art. 35 - Não haverá qualquer distinção, para efeitos didáticos e técnicos, entre os professores e especialistas subordinados ao regime das leis do trabalho e os admitidos no regime do serviço público.

Art. 36 - Em cada sistema de ensino, haverá um estatuto que estruture a carreira de magistério de 1º e 2º graus, com acessos graduais e sucessivos, regulamentando as disposições específicas da presente Lei e complementando-as no quadro da organização própria do sistema.

Art. 37 - A admissão e a carreira de professores e especialistas, nos estabelecimentos particulares de ensino de 1º e 2º graus, obedecerão às disposições específicas desta Lei, às normas constantes obrigatoriamente dos respectivos regimentos e ao regime das Leis do Trabalho.

Art. 38 - Os sistemas de ensino estimularão, mediante planejamento apropriado, o aperfeiçoamento e atualização constantes dos seus professores e especialistas de Educação.

Art. 39 - Os sistemas de ensino devem fixar a remuneração dos professores e especialistas de ensino de 1º e 2º graus tendo em vista a maior qualificação em cursos e estágios de formação, aperfeiçoamento ou especialização, sem distinção de graus escolares em que atuem.

Art. 40 - Será condição para exercício de magistério ou especialidade pedagógica o registro profissional, em órgão do Ministério da Educação e Cultura, dos titulares sujeitos à formação de grau superior.

CAPÍTULO VI
Do Financiamento

Art. 41 - A educação constitui dever da União, dos Estados, do Distrito Federal, dos Territórios, dos Municípios, das empresas, da família e da comunidade em geral, que entrosarão recursos e esforços para promovê-la e incentivá-la.

Parágrafo único - Respondem, na forma da lei, solidariamente com o Poder Público, pelo cumprimento do preceito constitucional da obrigatoriedade escolar, os pais ou responsáveis e os empregadores de toda natureza de que os mesmos sejam dependentes.

Art. 42 - O ensino nos diferentes graus será ministrado pelos poderes públicos e, respeitadas as leis que o regulam, é livre à iniciativa particular.

Art. 43 - Os recursos públicos destinados à educação serão aplicados preferencialmente na manutenção e desenvolvimento do ensino oficial, de modo que se assegurem:

a) maior número possível de oportunidades educacionais;
b) a melhoria progressiva do ensino, o aperfeiçoamento e a assistência ao magistério e aos serviços de educação;
c) o desenvolvimento científico e tecnológico.

Art. 44 - Nos estabelecimentos oficiais, o ensino de 1º grau é gratuito dos 7 aos 14 anos, e o de níveis ulteriores sê-lo-á para quantos provarem falta ou insuficiência de recursos e não tenham repetido mais de um ano letivo ou estudos correspondentes no regime de matrícula por disciplinas.

Art. 45 - As instituições de ensino mantidas pela iniciativa particular merecerão amparo técnico e financeiro do Poder Público, quando suas condições de funcionamento forem julgadas satisfatórias pelos órgãos de fiscalização, e a suplementação de seus recursos se revelar mais econômica para o atendimento do objetivo.

Parágrafo único - O valor dos auxílios concedidos nos termos deste artigo será calculado com base no número de matrículas gratuitas e na modalidade dos respectivos cursos, obedecidos padrões mínimos de eficiência escolar previamente estabelecidos e tendo em vista o seu aprimoramento.

Art. 46 - O amparo do Poder Público a quantos demonstrarem aproveitamento e provarem falta ou insuficiência de recursos far-se-á sob forma de concessão de bolsas de estudo.

Parágrafo único - Somente serão concedidas bolsas de estudo gratuitas no ensino de 1º grau quando não houver vaga em estabelecimento oficial que o aluno possa frequentar com assiduidade.

Art. 47 - As empresas comerciais, industriais e agrícolas são obrigadas a manter o ensino de 1º grau gratuito para seus empregados e o ensino dos filhos destes entre os 7 e os 14 anos ou a concorrer para esse fim mediante a contribuição do salário-educação, na forma estabelecida por lei.

Art. 48 - O salário-educação instituído pela Lei nº 4.440, de 27 de outubro de 1964, será devido por todas as empresas e demais entidades públicas ou privadas vinculadas à Previdência Social, ressalvadas as exceções previstas na legislação específica.

Art. 49 - As empresas e os proprietários rurais, que não puderem manter em suas glebas ensino para os seus empregados, e os filhos destes, são obrigados, sem prejuízo do disposto no artigo 47, a facilitar-lhes a frequência à escola mais próxima ou a propiciar a instalação e o funcionamento de escolas gratuitas em suas propriedades.

Art. 50 - As empresas comerciais e industriais são ainda obrigadas a assegurar, em cooperação, condições de aprendizagem aos seus trabalhadores menores e a promover o preparo de seu pessoal qualificado.

Art. 51 - Os sistemas de ensino atuarão junto às empresas de qualquer natureza, urbanas ou agrícolas, que tenham empregados residentes em suas dependências, no sentido de que instalem e mantenham, conforme dispuser o respectivo sistema e dentro das peculiaridades locais, receptores de rádio e televisão educativos para o seu pessoal.

Parágrafo único - As entidades particulares que recebam subvenções ou auxílios do Poder Público deverão colaborar, mediante solicitação deste, no ensino supletivo de adolescentes e adultos, ou na promoção de cursos e outras atividades com finalidade educativo-cultural,

instalando postos de rádio ou televisão educativos.

Art. 52 - A União prestará assistência financeira aos Estados e ao Distrito Federal para o desenvolvimento de seus sistemas de ensino e organizará o sistema federal, que terá caráter supletivo e se estenderá por todo o país, nos estritos limites das deficiências locais.

Art. 53 - O Governo Federal estabelecerá e executará planos nacionais de educação que, nos termos do artigo 52, abrangerão os programas de iniciativa própria e os de concessão de auxílios.

Parágrafo único - O planejamento setorial da educação deverá atender às diretrizes e normas do Plano-Geral do Governo, de modo que a programação a cargo dos órgãos da direção superior do Ministério da Educação e Cultura se integre harmonicamente nesse Plano-Geral.

Art. 54 - Para efeito de concessão de auxílios, os planos dos sistemas de ensino deverão ter a duração de quatro anos, ser aprovados pelo respectivo Conselho de Educação e estar em consonância com as normas e critérios do planejamento nacional da educação.

§ 1º - A concessão de auxílio federal aos sistemas estaduais de ensino e ao sistema do Distrito Federal visará corrigir as diferenças regionais de desenvolvimento socioeconômico, tendo em vista a renda *per capita* e a população a ser escolarizada, o respectivo estatuto do magistério, bem como a remuneração condigna e pontual dos professores e o progresso quantitativo e qualitativo dos serviços de ensino verificado no biênio anterior.

§ 2º - A concessão do auxílio financeiro aos sistemas estaduais e ao sistema do Distrito Federal far-se-á mediante convênio, com base em planos e projetos apresentados pelas respectivas administrações e aprovados pelos Conselhos de Educação.

§ 3º - A concessão de auxílio financeiro aos programas de educação dos Municípios integrados nos planos estaduais far-se-á mediante convênio, com base em planos e projetos apresentados pelas respectivas administrações e aprovados pelos Conselhos de Educação.

Art. 55 - Cabe à União organizar e financiar os sistemas de ensino dos Territórios, segundo o planejamento setorial da educação.

Art. 56 - Cabe à União destinar recursos para a concessão de bolsas de estudo.

§ 1º - Aos recursos federais, os Estados, o Distrito Federal e os Municípios acrescerão recursos próprios para o mesmo fim.

§ 2º - As normas que disciplinam a concessão de bolsas de estudo decorrentes dos recursos federais seguirão as diretrizes estabelecidas pelo Ministério da Educação e Cultura, que poderá delegar a entidades municipais de assistência educacional, de que trata o § 2º do art. 62, a adjudicação dos auxílios.

§ 3º - O Programa Especial de Bolsas de Estudo (PEBE) reger-se-á por normas estabelecidas pelo Ministério do Trabalho e Previdência Social.

Art. 57 - A assistência técnica da União aos sistemas estaduais de ensino e do Distrito Federal será prestada pelos órgãos da administração do Ministério da Educação e Cultura e pelo Conselho Federal de Educação.

Parágrafo único - A assistência técnica incluirá colaboração e suprimento de recursos financeiros para preparação, acompanhamento e avaliação dos planos e projetos educacionais que objetivam o atendimento das prescrições do plano setorial de educação da União.

Art. 58 - A legislação estadual supletiva, observado o disposto no artigo 15 da Constituição Federal, estabelecerá as responsabilidades do próprio Estado e dos seus Municípios no desenvolvimento dos diferentes graus de ensino e disporá sobre medidas que visem tornar mais eficiente a aplicação dos recursos públicos destinados à educação.

Parágrafo único - As providências de que trata este artigo visarão à progressiva passagem para a responsabilidade municipal de encargo e serviços de educação, especialmente de 1º grau, que pela sua natureza possam ser realizados mais satisfatoriamente pelas administrações locais.

Art. 59 - Aos municípios que não aplicarem, em cada ano, pelo menos 20% da receita tributária municipal no ensino de 1º grau, aplicar-se-á o disposto no art. 15, § 3º, alínea *f*, da Constituição.

Parágrafo único - Os municípios destinarão ao ensino de 1º grau pelo menos 20% das transferências que lhes couberem no Fundo de Participação.

Art. 60 - É vedado ao Poder Público e aos respectivos órgãos da administração indireta criar ou auxiliar financeiramente estabelecimentos ou serviços de ensino que constituam duplicação desnecessária ou dispersão prejudicial de recursos humanos a juízo do competente Conselho de Educação.

Art. 61 - Os sistemas de ensino estimularão as empresas que tenham em seus serviços mães de menores de sete anos a organizar e manter, diretamente ou em cooperação, inclusive com o Poder Público, educação que preceda o ensino de 1º grau.

Art. 62 - Cada sistema de ensino compreenderá, obrigatoriamente, além de serviços de assistência educacional que assegurem aos alunos necessitados condições de eficiência escolar, entidades que congreguem professores e pais de alunos, com o objetivo de colaborar para o eficiente funcionamento dos estabelecimentos de ensino.

§ 1º - Os serviços de assistência educacional de que trata este artigo destinar-se-ão, de preferência, a garantir o cumprimento da obrigatoriedade escolar e incluirão auxílios para a aquisição de material escolar, transporte, vestuário, alimentação, tratamento médico e dentário e outras formas de assistência familiar.

§ 2º - O Poder Público estimulará a organização de entidades locais de assistência educacional, constituídas de pessoas de comprovada idoneidade, devotadas aos problemas socioeducacionais que, em colaboração com a comunidade, possam incumbir-se da execução total ou parcial dos serviços de que trata este artigo, assim como da adjudicação de bolsas de estudo.

Art. 63 - A gratuidade da escola oficial e as bolsas de estudo oferecidas pelo Poder Público serão progressivamente substituídas, no ensino de 2º grau, pela concessão de bolsas sujeitas a restituição.

Parágrafo único - A restituição de que trata este artigo poderá fazer-se em espécie ou em serviços profissionais, na forma que a lei determinar.

CAPÍTULO VII
Das Disposições Gerais

Art. 64 - Os Conselhos de Educação poderão autorizar experiências pedagógicas, com regimes diversos dos prescritos na presente lei, assegurando a validade dos estudos assim realizados.

Art. 65 - Para efeito de registro e exercício profissional, o Conselho Federal de Educação fixará as normas de revalidação dos diplomas e certificados das habilitações, correspondentes ao ensino de 2º grau, expedidos por instituições estrangeiras.

Art. 66 - Ficam automaticamente reajustadas, quanto à nomenclatura, as disposições da legislação anterior que permaneçam em vigor após a vigência da presente lei.

Art. 67 - Fica mantido o regime especial para os alunos de que trata o Decreto-lei nº 1.044, de 21 de outubro de 1969.

Art. 68 - O ensino ministrado nos estabelecimentos militares é regulado por legislação específica.

Art. 69 - O Colégio Pedro II integrará o sistema federal de ensino.

Art. 70 - As administrações dos sistemas de ensino e as pessoas jurídicas de direito privado poderão instituir, para alguns ou todos os estabelecimentos de 1º e 2º graus por elas mantidos, um regimento comum que, assegurando a unidade básica estrutural e funcional da rede, preserve a necessária flexibilidade didática de cada escola.

CAPÍTULO VIII
Das Disposições Transitórias

Art. 71 - Os Conselhos Estaduais de Educação poderão delegar parte de suas atribuições a Conselhos de Educação que se organizem nos municípios onde haja condições para tanto.

Art. 72 - A implantação do regime instituído na presente lei far-se-á, progressivamente, segundo as peculiaridades, possibilidades e legislação de cada sistema de ensino, com observância do Plano Estadual de Implantação que deverá seguir-se a um planejamento prévio elaborado para fixar as linhas gerais daquele, e disciplinar o que deva ter execução imediata.

Parágrafo único - O planejamento prévio e o Plano Estadual de Implantação, referidos neste artigo, deverão ser elaborados pelos órgãos próprios do respectivo sistema de ensino dentro de 60 dias o primeiro e 210 o segundo, a partir da vigência desta lei.

Art. 73 - O Ministro da Educação e Cultura, ouvido o Conselho Federal de Educação, decidirá das questões suscitadas pela transição do regime anterior, para o que se institui na presente lei, baixando os atos que a tanto se façam necessários.

Art. 74 - Ficam integrados nos respectivos sistemas estaduais os estabelecimentos particulares de ensino médio até agora vinculados ao sistema federal.

Art. 75 - Na implantação do regime instituído pela presente lei, observar-se-ão as seguintes prescrições em relação a estabelecimentos oficiais e particulares de 1º grau:

I - As atuais escolas primárias deverão instituir, progressivamente, as séries que lhes faltam para alcançar o ensino completo de 1º grau.

II - Os atuais estabelecimentos que mantenham ensino ginasial poderão continuar a ministrar apenas as séries que lhes correspondem, redefinidas quanto à ordenação e à composição curricular, até que alcancem as oito da escola completa de 1º grau.

III - Os novos estabelecimentos deverão, para fins de autorização, indicar nos planos respectivos a forma pela qual pretendem desenvolver, imediata ou progressivamente, o ensino completo de 1º grau.

Art. 76 - A iniciação para o trabalho e a habilitação profissional poderão ser antecipadas:

a) ao nível da série realmente alcançada pela gratuidade escolar em cada sistema, quando inferior à oitava;

b) para a adequação às condições individuais, inclinações e idade dos alunos.

Art. 77 - Quando a oferta de professores, legalmente habilitados, não bastar para atender às necessidades do ensino, permitir-se-á que lecionem, em caráter suplementar e a título precário:

a) no ensino de 1º grau, até a 8ª série, os diplomados com habilitação para o magistério ao nível da 4ª série de 2º grau;

b) no ensino de 1º grau, até a 6ª série, os diplomados com habilitação para o magistério ao nível da 3ª série de 2º grau;

c) no ensino de 2º grau, até a série final, os portadores de diploma relativo à licenciatura de 1º grau.

Parágrafo único - Onde e quando persistir a falta real de professores, após a aplicação dos critérios estabelecidos neste artigo, poderão ainda lecionar:

a) no ensino de 1º grau, até a 6ª série, candidatos que hajam concluído a 8ª série e venham a ser preparados em cursos intensivos;

b) no ensino de 1º grau, até a 5ª série, candidatos habilitados em exames de capacitação regulados, nos vários sistemas, pelos respectivos Conselhos de Educação;

c) nas demais séries do ensino de 1º grau e no de 2º grau, candidatos habilitados em exames de suficiência regulados pelo Conselho Federal de Educação e realizados em instituições oficiais de ensino superior indicados pelo mesmo Conselho.

Art. 78 - Quando a oferta de professores licenciados não bastar para atender às necessidades do ensino, os profissionais diplomados em outros cursos de nível superior poderão ser registrados no Ministério da Educação e Cultura, mediante complementação de seus estudos, na mesma área ou em áreas afins, onde se inclua a formação pedagógica, observados os critérios estabelecidos pelo Conselho Federal de Educação.

Art. 79 - Quando a oferta de profissionais legalmente habilitados para o exercício das funções de direção dos estabelecimentos de um sistema, ou parte deste, não bastar para atender às suas necessidades, permitir-se-á que as respectivas funções sejam exercidas por professores habilitados para o mesmo grau escolar, com experiência de magistério.

Art. 80 - Os sistemas de ensino deverão desenvolver programas especiais de recuperação para os professores sem a formação prescrita no art. 29 desta lei, a fim de que possam atingir gradualmente a qualificação exigida.

Art. 81 - Os sistemas de ensino estabelecerão prazos, a contar da aprovação do Plano Estadual referido no artigo 72, dentro dos quais deverão os estabelecimentos de sua jurisdição apresentar os respectivos regimentos adaptados à presente lei.

Parágrafo único - Nos três primeiros anos de vigência desta lei, os estabelecimentos oficiais de 1º grau, que não tenham regimento próprio, regularmente aprovado, deverão reger-se por normas expedidas pela administração dos sistemas.

Art. 82 - Os atuais inspetores federais de ensino poderão ser postos à disposição dos sistemas que necessitem de sua colaboração, preferencialmente daqueles em cuja jurisdição estejam lotados.

Art. 83 - Os concursos para cargos do magistério, em estabelecimentos oficiais, cujas inscrições foram encerradas até a data da publicação desta lei, serão regidos pela legislação citada nos respectivos editais.

Art. 84 - Ficam ressalvados os direitos dos atuais diretores, inspetores, orientadores e administradores de estabelecimentos de ensino, estáveis no serviço público, antes da vigência da presente lei.

Art. 85 - Permanecem, para todo o corrente ano, as exigências de idade e os critérios de exame supletivo constantes da legislação vigente, na data da promulgação desta lei.

Art. 86 - Ficam assegurados os direitos dos atuais professores, com registro definitivo no Ministério da Educação, antes da vigência desta lei.

Art. 87 - Ficam revogados os artigos de números 18, 21, 23 a 29, 31 a 65, 92 a 95, 97 a 99, 101 a 103, 105, 109, 110, 113 e 116 da Lei nº 4.024, de 20 de dezembro de 1961, bem como as disposições de leis gerais e especiais que regulem em contrário ou de forma diversa a matéria contida na presente lei.

Art. 88 - Esta lei entrará em vigor na data de sua publicação.

Brasília, 11 de agosto de 1971; 150º da Independência e 83º da República.

EMÍLIO G. MÉDICI

JARBAS G. PASSARINHO

JÚLIO BARATA.

Conclusão

Feita a análise do objeto específico deste trabalho, qual seja, o significado político do papel desempenhado pelo Congresso Nacional na elaboração das Leis 4.024/61, 5.540/68 e 5.692/71, podemos retomar as conclusões preliminares formuladas, portanto, à guisa de hipótese de trabalho, quando da realização de um estudo apresentado na forma de comunicação na Reunião Anual da Sociedade Brasileira para o Progresso da Ciência (SBPC) (SAVIANI, 1985, p. 157-159).

1. As emendas, apesar de não terem merecido a atenção dos estudiosos da educação brasileira, constituem peça importante para a compreensão da legislação do ensino e, consequentemente, da política educacional. Com efeito, se a única maneira eficaz de esclarecer o significado do produto é examinar o modo como foi produzido, cabe analisar o processo de elaboração das leis de ensino para se compreender o seu significado político e educativo. Ora, as emendas constituem parte integrante e destacada do processo de elaboração e discussão dos projetos suscetíveis de serem convertidos em lei. O presente trabalho tornou patente esse fenômeno ao procurar deslindar o sentido político das emendas e substitutivos apresentados pelos congressistas aos projetos de lei examinados.

2. As emendas, por representarem a contribuição específica do Congresso Nacional aos projetos oriundos do Poder Executivo, constituem a chave para compreender a função do Congresso Nacional na legislação do ensino. Isso releva de importância no caso brasileiro quando se constata, como o fez este estudo, que as reformas educacionais têm, como regra, sido formuladas por iniciativa do Executivo.

3. A compreensão da função do Congresso Nacional na legislação do ensino abre uma perspectiva inédita para os estudos de política educacional. Isso porque, como se pretendeu demonstrar, torna-se possível articular internamente as propostas educacionais com as suas determinações políticas mais amplas. Com isto superam-se tanto os estudos de política educacional que privilegiam a análise da legislação nos aspectos administrativos e pedagógicos, como aqueles que privilegiam o plano sociopolítico servindo-se dos textos legais apenas como ilustrações das tendências políticas gerais.

4. Na política educacional brasileira podem-se distinguir, a partir de 1945, duas fases nitidamente diferenciadas no que diz respeito à função do Congresso Nacional na legislação do ensino:

a) A primeira fase corresponde à gênese da Lei n. 4.024/61 (Lei de Diretrizes e Bases da Educação Nacional), quando a função desempenhada foi de deformação, desfigurando o projeto original. No capítulo dois foram patenteadas as vicissitudes pelas quais passou o projeto Mariani no decorrer de sua longa tramitação no Congresso Nacional, apontando-se as alterações mais significativas nele introduzidas, assim como o sentido político das mesmas.

b) A segunda fase é marcada pela gênese das Leis 5.540/68 (Lei de Reforma Universitária) e 5.692/71 (Diretrizes e Bases do Ensino de 1º e 2º Graus), com a função de preservação, garantindo e aperfeiçoando a orientação impressa aos projetos originais. O capítulo três chamou a atenção para o empenho dos congressistas em preservar o espírito do projeto governamental contando, para isso, com a colaboração, ainda que tácita, da própria oposição. Por sua vez, o capítulo quatro pôs em relevo a colaboração integral e irrestrita dos parlamentares não apenas na preservação, mas no aperfeiçoamento do texto em consonância com o espírito que presidiu a elaboração do projeto original. Foram registradas a fidelidade e a solicitude com que diferentes membros do Congresso se empenharam em emendar dispositivos do projeto que poderiam contrariar ou dar margem a interpretações divergentes da orientação proveniente do Poder Executivo.

5. As duas fases mencionadas correspondem respectivamente aos períodos pré e pós-1964, ilustrando eloquentemente a ruptura política levada a efeito pela Revolução de 1964. Tal ruptura política, é o que se procurou mostrar, foi necessária em vista do objetivo que prevaleceu de garantir a continuidade da ordem socioeconômica. Em consequência, para preservar o sentido social da educação enquanto mecanismo de ascensão social, legitimação das diferenças e justificação dos privilégios, fazia-se necessário ajustá-la às novas condições políticas impondo-se, portanto, a reforma da organização escolar em seu conjunto, o que veio a ser institucionalizado através da nova legislação educacional. Um indicador da continuidade do valor social da educação é a manutenção em vigor das diretrizes gerais definidas pela Lei n. 4.024/61 nos cinco primeiros títulos, onde está consubstanciada a orientação fundamental que deveria presidir a organização da educação escolar brasileira em seu conjunto. Por seu turno, a nova estrutura funcional, financeira e didático--pedagógica, preconizada para os ensinos de 1º, 2º e 3º graus, constitui indicador do ajustamento da educação à ruptura política levada a cabo pelo movimento militar de 1964.

6. A primeira fase desenrolou-se no quadro da "democracia restrita". Embora circunscrita às elites, o jogo democrático deu-se de modo aberto, possibilitando uma crescente participação da sociedade civil no processo político. Tal regime implicou um "pacto de dominação" entre diferentes setores sociais, nenhum dos quais se revelando capaz, isoladamente, de exercer a hegemonia sobre o conjunto da sociedade.

Em consequência, estribou-se na estratégia da "conciliação", mediante a qual os diferentes setores, através de concessões mútuas, garantiam a continuidade do sistema de dominação. O referido pacto previa a presença política da classe trabalhadora como massa de manobra eleitoral, sendo-lhe, porém, vedado compartilhar do "condomínio do poder". O regime em questão atingiu seu limite quando as pressões dos setores não integrados no pacto exigiam a sua transformação, momento em que a defesa dos interesses nele albergados também já não mais podia ser feita sem alterá-lo radicalmente.

A educação expressou esse fenômeno à medida que as pressões populares forçavam o modelo elitista a se abrir e a defesa do seu caráter elitista implicava, por sua vez, a alteração do próprio modelo. Assim é que a Reforma Universitária possibilitou o deslocamento do chamado padrão de excelência para os cursos de pós-graduação e para a graduação das grandes escolas, em geral, públicas, deixando a tarefa de absorver os novos contingentes de alunos para as escolas privadas, em geral institutos isolados, caracterizadas por duvidoso padrão de qualidade. E a reforma do ensino de 1º e 2º graus acenou para uma abertura ampla ao propor a universalização do ensino profissional de 2º grau em nome do combate à fórmula "ensino secundário para os nossos filhos e ensino profissional para os filhos dos outros". Entretanto, ao diferenciar a terminalidade ideal ou legal, coincidente com a conclusão do 2º grau, da terminalidade real mediante a qual o ensino profissional poderia ser antecipado para os alunos, as regiões ou as escolas que não tivessem condições de ultrapassar a 8ª, a 6ª ou mesmo a 4ª série do 1º grau, a reforma acabou por converter a velha fórmula nesta outra: "Terminalidade legal para os nossos filhos e terminalidade real para os filhos dos outros". Com isso a discriminação se manteve, conciliando-se, por essa via, a defesa dos interesses elitistas com a exigência de ampliação do sistema de ensino. E se a força da quantidade marcou a uniformização do padrão de qualidade nas escolas públicas, as grandes escolas privadas já tradicionais nesses níveis de ensino, bem como outras que surgiram em moldes semelhantes, vieram em socorro do modelo anterior, garantindo a oferta do padrão diferenciado demandado pelas

Conclusão

elites; inverteu-se, assim, no ensino de 1º e 2º graus, a relação público-
-privado estabelecida ao nível de 3º grau.

7. A segunda fase desenrolou-se no quadro da "democracia excludente", quando amplos setores da sociedade civil são deliberada e
sistematicamente excluídos do processo político. Para tanto, acionou-
-se a estratégia do "autoritarismo desmobilizador", mediante a qual se
marginalizou compulsória e coercitivamente do processo político tanto
as camadas trabalhadoras como as elites dissidentes.

No âmbito educacional a "democracia excludente" expressou-se
através da adoção e difusão da ideologia tecnicista e do controle tec-
nocrático cujo pressuposto era a consideração da educação como uma
questão técnica e não política. Daí o processo de desmobilização maciça
e também compulsória dos estudantes e intelectuais.

8. O papel desempenhado pelo Congresso Nacional refletiu com
fidelidade, nos dois casos, o processo político. Com efeito:

a) A função de "deformação" decorreu da representação no Congresso Nacional de diferentes grupos da sociedade civil com
interesses conflitantes. O capítulo dois registrou a presença
insistente de diferentes partidos ideológicos pressionando os
parlamentares no tocante aos rumos que caberia imprimir às
diretrizes e bases da educação nacional. Os interesses conflitantes foram harmonizados mediante a busca de um denominador
comum, o que significou a intervenção da estratégia da "conciliação" sob cuja égide se chegou ao texto finalmente convertido
na Lei de Diretrizes e Bases da Educação Nacional.

b) A função de "preservação" decorreu da cooptação exercida
pelo Executivo em relação aos membros do Poder Legislativo.
Fora excluída a possibilidade de contestação ao regime já
que o Ato Institucional nº 1 afirmava textualmente que "a
revolução não procura legitimar-se através do Congresso. Este
é que recebe deste Ato Institucional, resultante do exercício
de Poder Constituinte, inerente a todas as revoluções, a sua
legitimação". Em consequência, os que insistiam em não

consentir, convertiam-se em alvos de medidas repressivas. Nessas condições, as demonstrações de força do Executivo eram complementadas pelo processo de cooptação dos membros do Legislativo, restando à oposição, como se mostrou no capítulo três, a formulação de pálidos protestos, acabando, porém, por dar seu consentimento à iniciativa do Executivo. Em relação à Lei n. 5.692/71, o capítulo quatro evidenciou que sequer os "pálidos protestos" tiveram lugar; ocorreu, portanto, um processo de cooptação integral. Na verdade nesse período o Legislativo estava inteiramente submetido ao Executivo que acertava as decisões do Congresso com líderes destacados por antecipação pelo presidente da República.

9. Encarando-se o Estado como um conjunto constituído pela sociedade política e pela sociedade civil (GRAMSCI, 1976, p. 149), conclui-se que:

a) Na primeira fase, a sociedade civil ganhava crescente representatividade perante a sociedade política. Em decorrência, o Congresso, sendo o órgão da sociedade política mais diretamente ligado à sociedade civil, ganhava projeção e era intensamente mobilizado, participando ativamente das grandes decisões da política nacional.

b) Na segunda fase ocorreu uma hipertrofia da sociedade política em detrimento da sociedade civil. A primeira sufocou a segunda no âmbito da organização e funcionamento do Estado. Nessas condições o Legislativo absteve-se de legislar e fiscalizar, evitando entrar em atrito com o Executivo. Caiu, portanto, numa posição de imobilismo, agindo apenas por exigência e em atendimento às necessidades do Executivo.

10. No regime da "democracia excludente" o aparelho escolar foi reorganizado no sentido de garantir, prolongar e perpetuar a hegemonia da sociedade política. Entretanto, a sociedade política, numa

Conclusão

manifestação determinada, não pode subsistir por muito tempo senão na medida em que retira a sua força da representatividade que exerce em relação à sociedade civil. Tal fenômeno foi captado pelo próprio regime autoritário que, a partir de 1974, ensaia o progressivo abandono da estratégia autoritária buscando retomar a estratégia da conciliação, sensível ao fato de que os próprios mecanismos por ele acionados para sua perpetuação colocavam contraditoriamente a exigência de sua transformação. Com efeito, no plano educacional, contrariamente à despolitização pretendida, ocorreu uma crescente politização tanto nos debates como nas práticas pedagógicas em todos os níveis, desde a pré-escola à pós-graduação.

11. Consequentemente, a crise política e, por decorrência, educacional que atingiu a "democracia excludente", deriva da falta de representatividade da sociedade política. A sociedade civil, através dos diferentes grupos que a compõem, reivindica uma mudança política necessária para garantir o lugar que lhe pertence no seio do Estado.

De que mudança se trata? Eis a questão.

A resposta dos grupos dominantes coincidiu com o encaminhamento dado pelo próprio poder autoritário e já apontado no capítulo um. Trata-se da "distensão lenta, gradual e segura" formulada em 1974 no Governo Geisel, seguida da "abertura democrática" a partir de 1979 no Governo Figueiredo, processo esse que desembocou na "Nova República" em 1985.

Até aí se desenhou a volta da "conciliação pelo alto" mediante a qual as elites dirigentes preservam seus privilégios adiando para um futuro remoto e indefinido a realização das aspirações populares.

Portanto, o problema político por excelência da classe dominante foi, então como antes, acionar as estratégias que garantissem a continuidade da ordem socioeconômica. Antes, quando a "democracia restrita" se inviabilizou, instalou-se a "democracia excludente" através de uma ruptura política. Depois, diante da crise da "democracia excludente" procurou-se, pela via da "transição democrática", retornar ao leito da "democracia restrita" revestida, é óbvio, de nova roupagem, em consonância com a nova fisionomia assumida pela sociedade brasileira ao longo das décadas de 1970 e 1980. Eis o sentido da palavra de ordem dos governantes: "transição ordeira e pacífica para a democracia".

Entretanto, do ponto de vista da classe dominada, a referida transição não se fará sem ruptura, isto é, sem romper o impasse que tem caracterizado a questão da democracia na história da sociedade brasileira. Sobre isso pondera Florestan Fernandes:

> Nesse plano, não há o que *conciliar e só existe uma estratégia* – a da luta firme e intransigente por uma forma política de democracia que não seja excludente e exclusiva, que assegure à massa popular dos mais ou menos espoliados e excluídos e aos trabalhadores como classe o direito à revolução (dentro da ordem e contra a ordem) [FERNANDES, 1986, p. 89, grifos no original].

Dado que a expressão corrente nos círculos políticos era "transição democrática", a questão "de que mudança se trata?", antes formulada, converte-se nesta outra: "de que transição democrática se está falando?".

Com efeito, a marca distintiva da referida expressão é a ambiguidade. E é no interior dessa ambiguidade que reside o potencial de retorno à estratégia da conciliação. Importa, pois, alertar para a ambiguidade tanto linguística como sociológica da expressão "transição democrática".

A expressão é ambígua do ponto de vista da linguagem porque pode significar tanto "transição para a democracia" como uma "transição que é feita democraticamente". E neste segundo caso a ambiguidade agrava-se porque a expressão silencia sobre o ponto de partida e o ponto de chegada. Com efeito, transição significa passagem, movimento de um ponto a outro. Cabe, então, perguntar: transição (democrática) de que para quê?

A pergunta *supra* pode ser respondida na medida em que se dissipa a ambiguidade sociológica, isto é, o sentido diverso decorrente da diversidade dos grupos sociais que empunham essa mesma bandeira. Assim, os grupos dominantes, em especial a burguesia, tendem a interpretar a "transição democrática" na linha da estratégia da conciliação pelo alto, reduzindo-a a um mecanismo de preservação, numa forma que incorpora o consentimento dos dominados, dos privilégios de que desfrutam. Já os grupos dominados, em especial o proletariado, tendem, por seu lado, a considerar a "transição democrática" um processo de libertação da sua condição de dominados. Como, porém, a expressão oculta essas diferenças sociológicas, ela acaba por desempenhar mais frequentemente o papel de camuflar os antagonismos que objetivamente caracterizam as relações entre as classes; camuflagem esta que abre espaço para a obtenção do consentimento dos dominados à transição conservadora transacionada pelas elites dirigentes.

Ora, a palavra democracia traduz a ideia de liberdade e igualdade política. Cumpre, pois, considerar que, se a democracia é o horizonte natural da burguesia, ela não pode ser o horizonte da classe trabalhadora. Com efeito, para essa classe a libertação política pode não passar de um mecanismo de legitimação da dominação econômica, social e cultural a que está submetida. Portanto, não basta a democracia, isto é, a libertação política. A meta é a libertação humana total que abrange, além do aspecto político, os aspectos econômico, social e cultural em seu conjunto. Só assim será possível atingir a libertação política real, isto é, a democracia real e não apenas formal. Vale dizer, com Marx:

> *Toda* emancipação é a recondução do mundo humano, das relações, ao *próprio homem*.
>
> A emancipação política é a redução do homem, de um lado, a membro da sociedade burguesa, a indivíduo *egoísta independente* e, de outro, a *cidadão do Estado*, a pessoa moral.
>
> Somente quando o homem individual real recupera em si o cidadão abstrato e se converte, como homem individual, em *ser genérico*, em seu trabalho individual e em suas relações individuais; somente quando o homem tenha reconhecido e organizado suas *forces propres* como forças *sociais* e quando, portanto, já não separa de si a força social sob a forma de força *política*, somente então se processa a emancipação humana [MARX, s.d., p. 38, grifos no original].

Como articular o Congresso Nacional e, através dele, a educação com a perspectiva das classes trabalhadoras em direção à libertação humana total?

Evidentemente, esse é um problema em aberto cuja abordagem extrapola os limites fixados para o presente trabalho. Entretanto, parece-nos oportuno lembrar que o encaminhamento da questão *supra* implica a exigência de pelo menos dois requisitos.

O primeiro diz respeito à necessidade de alteração da composição do Parlamento. Com efeito, desde as suas origens até os dias atuais, o Poder Legislativo não tem contado, salvo raras exceções, com representantes das camadas trabalhadoras. Tal constatação, à vista do caráter do Parlamento, que o define como o órgão da sociedade política mais diretamente ligado à sociedade civil, significa que a organização dos aparelhos privados de hegemonia tem sido predominantemente, senão exclusivamente, uma prerrogativa decorrente dos interesses burgueses. Nessas condições, compreende-se que a "transição democrática", vista da perspectiva dos interesses dominantes, não passe de um processo através do qual a sociedade política ganha legitimidade perante a sociedade civil hegemonizada pela burguesia.

Entretanto, na medida em que as classes trabalhadoras ganham força no âmbito da sociedade civil organizando-se nos mais diferentes tipos de associações, nos sindicatos e nos partidos políticos, cabe-lhes conquistar espaço também no âmbito do Parlamento. Tal colocação, acreditamos, pode ser articulada com a exigência a que se referiu Florestan:

> É preciso que a vanguarda dos oprimidos e dos proletários, que abriu o seu caminho com dificuldades incontáveis e sacrifícios extremos, forneça os quadros dos intelectuais orgânicos da massa popular insatisfeita e da classe trabalhadora organizada. E que, por essa via, sindicatos, partidos e organizações populares de contraviolência conquistem novos meios de autonomia intelectual e política diante das classes burguesas e de seu sistema de poder [FERNANDES, 1986, p. 88-89].

Entre os meios a serem conquistados figuram, em nosso entender, a escola e o Parlamento. Trata-se de espaços que, entre outros, necessitam ser ocupados pelos "intelectuais orgânicos da massa popular insatisfeita e da classe trabalhadora organizada". Aliás, ambos se encontram em relação recíproca. Com efeito, se "a escola é o instrumento para elaborar intelectuais de diversos níveis" (GRAMSCI, 1968, p. 9), os representantes da população no Parlamento necessitarão de certo grau de elaboração que exigirá, em alguma medida, o concurso da escola. Em contrapartida, a abertura do sistema escolar, de modo a acolher os membros das camadas populares e se ajustar às exigências de elaboração de seus intelectuais orgânicos, poderá ser agilizada através de decisões tomadas no âmbito do Poder Legislativo. Obviamente, tais decisões dependerão, se não da presença desse tipo de intelectual no Parlamento, da pressão que sobre ele sejam capazes de exercer os organismos da sociedade civil representativos das camadas trabalhadoras.

Em consequência, é preciso que as lideranças dos movimentos populares deixem de considerar a escola um instrumento exclusivo de dominação burguesa, deixando também de interpretar o interesse da população pela escola como mero efeito da ideologia da ascensão social. Cabe-lhes, ao contrário, considerar tal interesse uma expressão do desejo de libertação e do reconhecimento, ainda que intuitivo, de que a escola não deixa de ser um instrumento importante no processo de libertação da dominação. Em decorrência, cumpre tomar a questão da escola pública como um tema de interesse central da população trabalhadora discutindo sua natureza, seu caráter e seu papel social e político de modo que aumente entre os trabalhadores a capacidade de controle da escola bem como a capacidade de pressão sobre os órgãos decisórios em matéria de educação, aí incluído o Congresso Nacional.

O segundo requisito incide sobre a necessidade de que a questão da educação popular ganhe maior importância no âmbito do Parlamento, passando os parlamentares a tratá-la de modo mais sistemático e fundamentado. Com efeito, as soluções para os problemas educacionais são, de certa forma, relativamente simples; a complexificação frequentemente decorre mais da tergiversação em torno das soluções. Isso porque, na medida em que as soluções impliquem uma democratização mais radical, elas acabam mexendo com os quadros de estratificação da sociedade, atingindo, em consequência, interesses à luz dos quais todo um conjunto de reinterpretações da questão educacional é mobilizado. E o resultado dessas reinterpretações é o obscurecimento daqueles pontos fundamentais que teriam de ser recuperados e garantidos contra todos esses mecanismos de desvio.

Decorre daí a exigência de se desbastar o cipoal das diferentes visões de educação que por vezes se enredam, dificultando a fixação do que é essencial. Por conseguinte, o que em si mesmo é relativamente simples acaba exigindo uma certa atenção, um certo cuidado, um estudo mais detido do conjunto das questões educacionais, a fim de que possamos fixar com clareza os alvos a atingir e tomar as providências cabíveis para torná-los realidade. Daí a necessidade de que os parlamentares modifiquem o modo de encarar as questões educacionais dedicando-se a elas com seriedade e espírito público, o que remete novamente ao primeiro requisito, isto é, a necessidade de alteração da composição do Parlamento.

Propõe-se, em suma, que o Congresso Nacional considere a educação nos mesmos termos com que Gramsci se referiu ao folclore:

> [A educação] não deve ser concebida como algo bizarro, mas como algo muito sério e que deve ser levado a sério. Somente assim o ensino será mais eficiente e determinará realmente o nascimento de uma nova cultura entre as grandes massas populares, isto é, desaparecerá a separação entre cultura moderna e cultura popular ou folclore [GRAMSCI, 1978b, p. 186-187].

Eis como, não em termos conclusivos, mas apenas indicativos, acredita-se ser possível articular a ação do Congresso Nacional em matéria de educação com a perspectiva das classes trabalhadoras em direção à libertação humana total.

Referências

ABRANCHES, S. H. H. (1973). *O processo legislativo: conflito e conciliação na política brasileira*. Dissertação (Mestrado) – Universidade de Brasília (UnB), Brasília. Mimeografado.

ADESG (1970). *Ciclo de conferências sobre a segurança nacional e desenvolvimento*. Rio de Janeiro.

BARROS, R. S. M. (Org.) (1960). *Diretrizes e bases da educação*. São Paulo, Pioneira.

BENEVIDES, M. V. M. (1976). *O Governo Kubitschek*. Rio de Janeiro, Paz e Terra.

BRASIL (1970). *Atos do Poder Executivo*. Brasília, Imprensa Nacional.

_____. *Diário do Congresso Nacional*. Brasília, 1948 a 1971.

BUFFA, E. (1979). *Ideologias em conflito: escola pública e escola privada*. São Paulo, Cortez & Moraes.

CAMPANHOLE, A. & CAMPANHOLE, H. L. (1983). *Constituições do Brasil*. 6. ed. São Paulo, Atlas.

COSTA, E. V. (1979). *Da Monarquia à República: momentos decisivos*. 2. ed. São Paulo, Ciências Humanas.

DEBRUN, M. A. (1983). *A conciliação e outras estratégias.* São Paulo, Brasiliense.

DECCA, E. (1981). *1930: O silêncio dos vencidos.* São Paulo, Brasiliense.

DREIFUSS, R. A. (1981). *1964: A conquista do Estado.* Petrópolis, Vozes.

FAUSTO, B. (1977). *Trabalho urbano e conflito social.* Rio de Janeiro/São Paulo, Difel.

FERNANDES, F. (1973). *Capitalismo dependente e classes sociais na América Latina.* Rio de Janeiro, Zahar.

_____. (1975). *Universidade brasileira: reforma ou revolução?.* São Paulo, Alfa-Omega.

_____. (1977). *A sociologia no Brasil.* Petrópolis, Vozes.

_____. (1986). *Nova República?.* 2. ed. Rio de Janeiro, Jorge Zahar.

FERREIRA, M. N. (1978). *A imprensa operária no Brasil (1880-1920).* Petrópolis, Vozes.

FONTOURA, A. A. (1968). *Diretrizes e Bases da Educação Nacional.* 3. ed. Rio de Janeiro, Aurora.

FRANCO, A. A. M. (1980). *História e teoria dos partidos políticos no Brasil.* 3. ed. São Paulo, Alfa-Omega.

FURTADO, C. (Org.) (1968). *Brasil: tempos modernos.* Rio de Janeiro, Paz e Terra.

_____. (1972). *Análise do modelo brasileiro.* Rio de Janeiro, Civilização Brasileira.

GARCIA, W. (Org.) (1978). *Educação brasileira contemporânea.* 3. ed. São Paulo, MacGraw-Hill do Brasil.

GRAMSCI, A. (1968). *Os intelectuais e a organização da cultura.* Rio de Janeiro, Civilização Brasileira.

_____. (1975). *Quaderni del carcere.* (Edizione critica del'Istituto Gramsci a cura di Valentino Gerratana). Turim, Einaudi. 4 v.

_____. (1976). *Maquiavel, a política e o Estado moderno.* 2. ed. Rio de Janeiro, Civilização Brasileira.

_____. (1977a). *Il materialismo storico.* Roma, Riuniti.

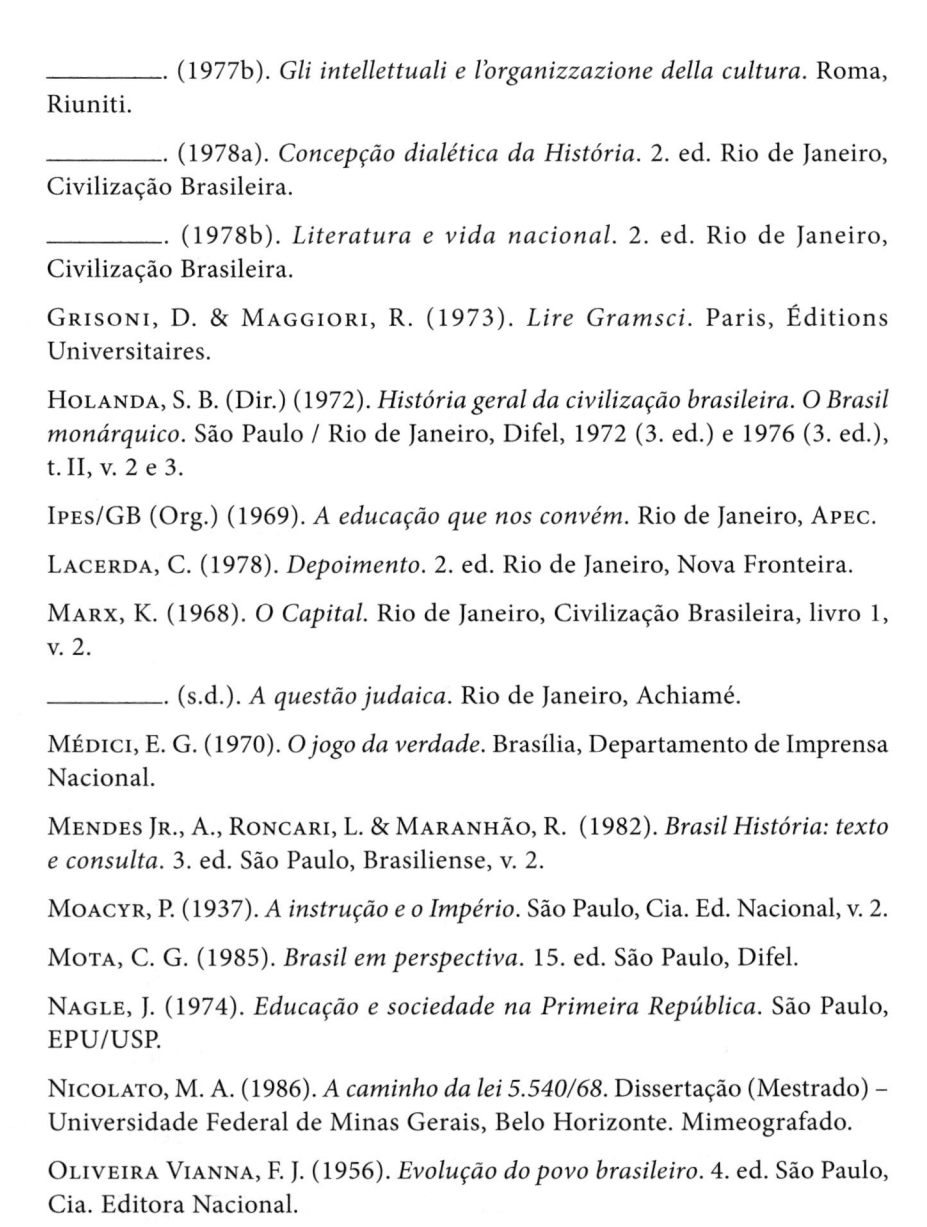

_____. (1977b). *Gli intellettuali e l'organizzazione della cultura*. Roma, Riuniti.

_____. (1978a). *Concepção dialética da História*. 2. ed. Rio de Janeiro, Civilização Brasileira.

_____. (1978b). *Literatura e vida nacional*. 2. ed. Rio de Janeiro, Civilização Brasileira.

GRISONI, D. & MAGGIORI, R. (1973). *Lire Gramsci*. Paris, Éditions Universitaires.

HOLANDA, S. B. (Dir.) (1972). *História geral da civilização brasileira. O Brasil monárquico*. São Paulo / Rio de Janeiro, Difel, 1972 (3. ed.) e 1976 (3. ed.), t. II, v. 2 e 3.

IPES/GB (Org.) (1969). *A educação que nos convém*. Rio de Janeiro, APEC.

LACERDA, C. (1978). *Depoimento*. 2. ed. Rio de Janeiro, Nova Fronteira.

MARX, K. (1968). *O Capital*. Rio de Janeiro, Civilização Brasileira, livro 1, v. 2.

_____. (s.d.). *A questão judaica*. Rio de Janeiro, Achiamé.

MÉDICI, E. G. (1970). *O jogo da verdade*. Brasília, Departamento de Imprensa Nacional.

MENDES JR., A., RONCARI, L. & MARANHÃO, R. (1982). *Brasil História: texto e consulta*. 3. ed. São Paulo, Brasiliense, v. 2.

MOACYR, P. (1937). *A instrução e o Império*. São Paulo, Cia. Ed. Nacional, v. 2.

MOTA, C. G. (1985). *Brasil em perspectiva*. 15. ed. São Paulo, Difel.

NAGLE, J. (1974). *Educação e sociedade na Primeira República*. São Paulo, EPU/USP.

NICOLATO, M. A. (1986). *A caminho da lei 5.540/68*. Dissertação (Mestrado) – Universidade Federal de Minas Gerais, Belo Horizonte. Mimeografado.

OLIVEIRA VIANNA, F. J. (1956). *Evolução do povo brasileiro*. 4. ed. São Paulo, Cia. Editora Nacional.

_____. (1974). *Instituições políticas brasileiras*. 3. ed. Rio de Janeiro, Record. 2 v.

Paiva, V. P. (1973). *Educação popular e educação de adultos*. São Paulo, Pioneira.

Pereira, L. (1970). *Ensaios de sociologia do desenvolvimento*. São Paulo, Pioneira.

Ribeiro, M. L. S. (1978). *História da educação brasileira*. São Paulo, Cortez & Moraes.

Romanelli, O. O. (1978). *História da educação no Brasil: 1930-1973*. Petrópolis, Vozes.

Sanfelice, J. L. (1986). *Movimento estudantil: a UNE na resistência ao golpe de 64*. São Paulo, Autores Associados / Cortez.

Saviani, D. (1983). *Educação brasileira: estrutura e sistema*. 5. ed. São Paulo, Saraiva.

_____. (1985). *Educação: do senso comum à consciência filosófica*. 6. ed. São Paulo, Autores Associados / Cortez.

_____. (1986). *Ensino público e algumas falas sobre universidade*. 3. ed. São Paulo, Autores Associados / Cortez.

Silva, G. B. (1969). *A educação secundária*. São Paulo, Cia. Editora Nacional.

Silva, G. C. (1981). *Conjuntura política nacional, o Poder Executivo & geopolítica do Brasil*. Rio de Janeiro, José Olympio.

Simonsen, M. H. & Campos, R. O. (1974). *A nova economia brasileira*. Rio de Janeiro, José Olympio.

Skidmore, T. (1969). *Brasil: de Getúlio a Castelo*. Rio de Janeiro, Saga.

Souza, M. I. (1981). *Os empresários e a educação*. Petrópolis, Vozes.

Stepan, A. (1975). *Os Militares na Política*. Rio de Janeiro, Artenova.

Tavares, M. C. (1972). *Da substituição de importações ao capitalismo financeiro*. Rio de Janeiro, Zahar.

Teixeira, A. (1962). "Meia vitória, mas vitória". *Revista Brasileira de Estudos Pedagógicos*, Rio de Janeiro, Inep, v. 37, n. 86, p. 222-223.

Vasconcellos, Pe. J. (1972). *Legislação fundamental: ensino de 1º e 2º graus*. São Paulo, Lisa.

Vieira, E. A. (1983). *Estado e miséria social no Brasil: de Getúlio a Geisel*. São Paulo, Cortez.

_____. (1984). *O que é desobediência civil*. 2. ed. São Paulo, Brasiliense.

VIEIRA, S. L. (1982). *O discurso da reforma universitária*. Fortaleza, UFC.

VILLALOBOS, J. E. R. (1969). *Diretrizes e bases da educação: ensino e liberdade*. São Paulo, Pioneira / USP.

XAVIER, M. E. S. P. (1980). *Poder político e educação de elite*. São Paulo, Autores Associados / Cortez.

Sobre o Autor

Dermeval Saviani

Graduado em filosofia pela Pontifícia Universidade Católica de São Paulo (PUC-SP) (1966), Dermeval Saviani é doutor em filosofia da educação (PUC-SP) (1971) e livre-docente em história da educação pela Universidade Estadual de Campinas (UNICAMP) (1986), tendo realizado "estágio sênior" na Itália em 1994-1995. Autor de grande número de trabalhos publicados na forma de livros e de artigos em revistas nacionais e internacionais, concluiu dezoito projetos de pesquisa e orientou mais de uma centena de trabalhos acadêmicos. Foi membro do Conselho Estadual de Educação de São Paulo, coordenador do Comitê de Educação do CNPq e coordenador de pós-graduação na Universidade Federal de São Carlos (UFSCAR), PUC-SP e UNICAMP, diretor associado da Faculdade de Educação da UNICAMP e sócio-fundador da Associação Nacional de Pós-Graduação e Pesquisa em Educação (ANPEd), Centro de Estudos Educação e Sociedade (CEDES), Associação Nacional de Educação (ANDE), Centro de Estudos de Cultura Contemporânea (CEDEC) e Sociedade Brasileira de História da Educação (SBHE), da qual foi o primeiro presidente. Emitiu grande número de pareceres científicos para agências de apoio à pesquisa, universidades, associações científicas, revistas e congressos da área de educação. Foi condecorado, em 1994, com a Medalha do Mérito Educacional do Ministério da Educação, recebeu da UNICAMP, em 1997, o Prêmio Zeferino Vaz de Produção Científica, foi contemplado, em 2008, com o Prêmio Jabuti pela publicação do livro *História das ideias pedagógicas no Brasil*, foi agraciado, em 2010, com o título de Pesquisador Emérito do CNPq e recebeu, em 2014, o Prêmio Jabuti com o livro *Aberturas para a história da educação*. Atualmente é professor titular colaborador pleno da Pós-Graduação em Educação da UNICAMP, professor emérito da UNICAMP, pesquisador emérito do CNPq e coordenador geral do Grupo Nacional de Estudos e Pesquisas "História, Sociedade e Educação no Brasil" (HISTEDBR).

Formato	*16x23 cm*
Papel	*Couché matte 90m/g²*
Papel capa	*Cartão Alta Alvura 250g/m²*
Tipologia	*Minion Pro*
Número de páginas	*208*
Tiragem	*3.000*
Impressão	*Cromosete Gráfica e Editora*